Rudolf Alexander Mayr
Das Licht und der Bär

RUDOLF ALEXANDER MAYR

DAS LICHT UND DER BÄR

Erzählungen vom Bergsteigen
und anderen Abwegigkeiten

Tyrolia-Verlag · Innsbruck-Wien

Inhalt

Das Licht und der Bär 9

Wolfi, der Dhaulagiri und die blauen Bomber 17

Biratnagar 33

Der sterbende Yak 37

Die Spucknäpfe von Xangmu 42

Mit leeren Händen 48

Diana 51

Lunag 57

Franz 61

Das Brockengespenst 70

Die Hütte, die Wand und die zwei Seiten des Lebens . . 73

Die Lawine, das Land Tirol und der Buckingham Palast . 101

Fitz Roy 107

Santiago 117

Die Berge als Kulisse 125

Ein Jahr mit Naomi 128

Alaska 138

Zeiten des Übermuts oder My house *is* my castle 165

Dank 183

*There is a crack, a crack in everything
That's how the light gets in.*

Leonhard Cohen

Das Licht und der Bär

Ihr Bergsteiger kennt alle das erschöpfte Licht, das sich nicht zwischen Tag und Nacht entscheiden kann und doch eine Schärfe unseres Sehens und eine Klarheit unserer Gedanken bewirkt, wenn wir bis in diese Stunden der Dämmerung hinein eine lange Zeit unterwegs waren und erschöpft genug sind, dass uns die Erinnerung daran bis zu unserem Ende begleiten wird. Die Sehkraft stärkt sich ab einem Grad der Ermüdung, weil es eben notwendig ist, und die Geschwindigkeit und Ausdauer des Körpers steigen bis zu jenem Zustand, der autochthon zu nennen ist, während uns nur mehr die Geräusche und Gerüche unserer Umgebung und unser eigener Herzschlag erreichen. Dann sind wir *wir* selbst und eben deshalb glücklich und einverstanden mit unserem möglichen Ende, weil wir erkennen, dass alles endlich ist, und gleichzeitig unser Leib uns ein jahrtausendealtes Vertrauen in die Idee der Schöpfung wieder zurückgegeben hat.

Was möchte man nicht alles darum geben, wenn man diese Minuten oder Stunden des Müdewerdens nach vielen Stunden der Bewegung und zugleich dieses Lebens, auf immer in sich bewahren könnte. Es ist, als wenn die Leere uns ausfüllen würde, und wir erkennen, dass keine Kraft der Welt imstande wäre, uns diese Fülle noch jemals zu nehmen.

Das ist der Zustand jenseits der Erschöpfung, ein Delirium, das aus fernen Speichern gespeist wird. Ein Zustand, den jeder

Bergsteiger kennt und der dem Einsamen bescheinigt, dass er nicht allein in diesem Kosmos ist.

Ich war allein von Nepal aus über den gut fünftausendsiebenhundert Meter hohen Nangpa La in das verbotene Tibet gegangen und in die früh einsetzenden Winterstürme geraten. Diese Winterstürme, die mit dem die Erde umspannenden Windsystem des Jetstreams zusammenhängen, haben ihren Ausgangspunkt in Sibirien und brechen sich etwa ab Mitte Oktober an der gewaltigen Mauer des Himalaya. Der mit dem eiskalten Wind einhergehende Temperaturwechsel hatte einen Bruchharsch auf dem Gletscher bewirkt, was mich nun bis über die Knie mit meiner schweren Last einbrechen ließ. Ich hatte drei Wochen lang kein lebendes Wesen mehr gesehen, außer einem Raben, der mich an den ersten zehn Tagen begleitete, und als ich nun mit gebücktem Kopf langsam gegen den Sturm in Richtung Passhöhe stieg, sah ich auf einmal in etwa zweihundert Metern seitlicher Entfernung eine Yak-Karawane mir entgegenkommen. Die Yaks wechselten sich im Spuren ab, indem der jeweils erste mit seinen Vorderbeinen in die Höhe stieg und sich dann mit seinem mächtigen Oberkörper wie ein Eisbrecher in den Schnee fallen ließ. Zwei Frauen und ein Mann begleiteten die Karawane, die aus etwa dreißig schwer beladenen Tieren bestand.

Wahrscheinlich hatten sie von Tibet das begehrte Salz der Inlandsseen, übrig geblieben aus der Auffaltung der Hochebene durch den Schub des indischen Subkontinents vor hundert Millionen Jahren, also frühes Meeressalz, nach Nepal gebracht. Nun, auf dem Rückweg, befanden sich in ihren Lasten Leder, und vielleicht Armbanduhren und Edelsteine aus Bangkok, von Händlern aus Manang nach Nepal gebracht, und in ihrem Anhang Yakkälber. Sie waren in diesem Schneefegen wie ein Bild aus einer anderen Welt, und ich blieb stehen, und auch sie mussten mich wie eine Erscheinung aus einer anderen Welt

DAS LICHT UND DER BÄR

Der Nangpa La, ein Pass im Westen des Cho Oyu, dient seit alters her als Verbindung zwischen Tibet und Nepal. Im Hintergrund erhebt sich der Lunag Ri.

wahrgenommen haben, denn ohne dass ich ein Kommando vernommen hätte, blieben alle, die Tiere und die Yaktreiber, mit einem Schlag wie festgewurzelt stehen.

Ich stützte mich auf meine Skistöcke und verschnaufte und starrte hinüber, und sie starrten stumm zurück. Sie würden in wenigen Stunden in Sicherheit und in den grasigen Tälern von Tibet sein, aber auf mich wartete noch der fast sechstausend Meter hohe Pass, und zwei Tage später noch ein Pass, bevor ich auf der nepalesischen Seite wieder die erste Alm mit Menschen erreichen würde.

Der Gedanke daran, in der Sicherheit dieser Karawane in die nächste tibetische Siedlung, nämlich Tingri, absteigen zu können, war dermaßen verlockend, dass ich noch einige Minuten stehen blieb und beim Hinüberstarren das Gefühl hatte, als warteten sie nur auf ein Zeichen von mir, um mir zu helfen. Dann fiel mir ein, dass ich mich in Tingri, verdächtigt als Spion, wohl kaum vor dem chinesischen Militär verstecken konnte und dass ich mit Sicherheit im Gefängnis landen würde.

In diesem Moment tat ich den nächsten Schritt, und wieder setzte sich fast zugleich die Karawane in Bewegung, ohne dass ich ein Kommando vernommen hätte. Die Karawane zog weiter und blickte nicht mehr zu mir herüber, während ich mir mühsam Schritt für Schritt den Weg durch den Bruchharsch zurück in das sichere Nepal bahnte.

An diesem Tag war ich wieder fast achtzehn Stunden unterwegs und mein Zustand zugleich entspannt und auf das Äußerste aufmerksam, als ich bei einer Rast, die mich auf einem Stein mit meiner Last verweilen ließ, zu meiner Linken einen großen, etwa dreieinhalb Meter hohen Bären an einer Felswand kratzen sah. Es war bereits dunkel, aber das Streiflicht des Halbmondes gerade stark genug, um den Bären in aller Klarheit erkennen zu können. Ich dachte nicht an den sagenumwobenen Yeti, denn der Bär war ja hier, gegenständlich hier. Ich dachte an überhaupt nichts und sah dem aufgerichteten Tier eine Weile beim Kratzen zu. Dann wollte ich wissen, ob der Bär echt war. So stand ich auf und näherte mich der riesigen Kreatur ohne jede Angst. (Jahre später erst fiel mir ein, dass dieses Tier keinen Geruch ausgeströmt hatte. Auch hatte es beim Kratzen kein Geräusch von sich gegeben. Das hätte mir auffallen müssen, denn nach dieser so langen Zeit fern von jedem Lebewesen war mein Geruchssinn dermaßen geschärft, dass mir schien, ich könnte meine Umgebung einzig und allein nur durch die Nase wahrnehmen. Doch das alles hier hatte mit bewusstem Erkennen rein gar nichts zu tun.) Ich ging also die wenigen Schritte weiter und berührte den Bären – und im gleichen Moment war er nicht mehr da. Ich begriff, dass ich einer Halluzination aufgesessen war.

Oder aber war der Bär mein Schutztier gewesen, wie es die amerikanischen Ureinwohner kennen, und hatte er mich vor einer Gefahr warnen wollen, die vor mir lag? War er nur eine Verkörperung, eine Versinnbildlichung von körperlosen, schutzhaften Wesen gewesen, wie sie der Glaube an Mohammed oder Jesus oder Buddha im Laufe von jahrtausendealten Erinnerungen in uns wachrief? Vielleicht noch früher angelegt, viel früher, vor allen diesen Propheten, die schlussendlich nur durch die Reflexion der Menschen zustande gekommen waren und durch ihre ewige Sehnsucht nach Erlösung? Was waren schon zweitausend oder zweitausendfünfhundert Jahre in diesem Urgebirge, nicht überlagert und in Besitz genommen von den Dogmen angsterzeugender Religionen? Hier gab es keine Zeit. Hier regelte sich alles von selbst. Als wirkte ein Urgrund von einer Idee eines Menschen, der sich nicht in Jahren bestimmen und abschließen lässt. Denn was bedeutete es, wenn der Mensch aufgrund von Zufälligkeiten, etwa durch ein Karzinom bedingt, nur fünf Jahre alt oder hundert werden sollte, wo doch die Zeit so relativ ist? Was hatte der Wiener Kinderarzt Hans

Asperger uns alles mitteilen wollen, als er im Jahre 1969 einen Text in der *Wiener Klinischen Wochenschrift* veröffentlicht hatte, mit dem Titel „Frühe seelische Vollendung todgeweihter Kinder", der von Kindern handelte, die ihrem eigenen Lebensalter, ja der eigenen Zeit weit voraus waren, als sie starben?

Hier, in dieser Landschaft, herrschten die Bestimmungen der Zeitlosigkeit. Und die der grenzenlosen Hoffnung und unerbittlichen Freiheit. Ihr alle, liebe Bergsteiger, kennt dieses Gefühl des Urvertrauens, frei von anerzogener Strenge und Intellektualität.

Ohne jede emotionale Reaktion wandte ich mich ab und meinem Weiterweg zu. Ich ging aus dieser vom Halbmond erhellten Szenerie in die endgültige Nacht hinein und erreichte gegen Morgengrauen einen Ort, der auf der Karte als Lunag bezeichnet war. Der Ort bestand aus zwei winzigen, eingefallenen Almhütten und lag am östlichen Rand des Lunag-Gletschers auf einer Höhe von etwas mehr als fünftausend Metern. Die Stille der Landschaft war nur durch das ferne Krachen von Eislawinen unterbrochen. Ich kletterte auf einen etwa zehn Meter hohen Felsen und schlief auf seinem flachen Gipfel für einige wenige Stunden. So hatte ich es auch auf dem Herweg gehalten, wo auch immer die Möglichkeit dafür bestanden hatte. Denn es gab hier manchmal Räuber, so hatte ich mir erzählen lassen, und ich wollte ihnen nicht in die Hände fallen.

Ein Jahr später berichtete man mir in Kathmandu, dass Monate danach ein Franzose meinem Weg gefolgt war. Er war nicht wiedergekommen. Man fand schließlich nur mehr seinen kopflosen Körper, was auf einen Überfall durch tibetische Räuber schließen ließ. (Tibetische Räuber pflegen die Köpfe ihrer Opfer zu vergraben, denn nach ihrer Überzeugung verrät die Richtung der Augen den Wohnort der Täter.)

Ich brach wieder auf und marschierte nach einigen Stunden wieder in die beginnende Nacht hinein, denn ich musste jetzt vorwärts kommen, weil ich mir in meinem geschwächten Zustand keine zusätzlichen Risiken wie etwa einen Wettersturz mehr erlauben durfte. Ich hatte schon am Tag vorher begonnen, Ausrüstungsgegenstände, die ich nun nicht mehr benötigte, zurückzulassen, um meine Last zu erleichtern. Und so folgten jetzt, besonders bei Gegenanstiegen, erst die Zeltstangen, dann die Steigeisen, die beiden Eispickel, die Reservekartuschen. Ich warf sie einfach zur Seite, fast während des Gehens, wie lästig gewordene Anhängsel.

Wieder war es fast Mitternacht, als ich am Rande einer fast senkrechten, etwa hundert Meter hohen Moräne ankam. Die Batterien meiner Stirnlampe waren leer, und ich wollte die Tiefe der Moräne auskundschaften, indem ich mehrfach Streichhölzer anzündete und sie ins Leere warf. Doch sie verloschen allesamt nach kürzester Zeit und erleuchteten die dunkle Unendlichkeit unter mir kein bisschen.

So ist das menschliche Dasein, dachte ich mir: Man kann nicht anders, als einen Stein in den Nebel zu werfen, und kann nicht anders, als ihm zu folgen. (Neurologen würden das vermutlich, wenig romantisch, als Aufforderungshaltung des Großhirns erklären.)

Ich kletterte über die Moräne nach unten, und wirklich war sie sehr steil, ja fast senkrecht. Ich hielt mich an größeren Felsbrocken, die mir vertrauensvoll erschienen, und lauschte bang den kleineren Steinen, die ich durch meine Bewegungen losgelöst hatte, wie sie in weiten Sprüngen nach unten fielen. Der Wind trug den Schwefelgeruch ihres Aufschlags zu mir herauf. Nach einiger Zeit der völligen Konzentration hatte ich den Fuß der Moräne erreicht und damit den sicheren Boden des Toteisgletschers. Dann ging ich in den beginnenden Morgen hinein und rastete nur einmal auf einem Stein, während sich die hinter mir liegende Moräne langsam aus dem Grau löste. Ich staunte. Die Moräne sah von hier aus, bedingt durch die Entfernung und die sich daraus ergebende Perspektive, wirklich beinahe senkrecht aus. Es erschien mir wie ein Wunder, dass ich sie ohne jedes Licht bewältigt hatte. Ich war also nun in Sicherheit und dachte nur noch einmal an den Bären, an meinen sehr persönlichen Bären, und was wohl seine Warnung gewesen war. Dann wandte ich mich wieder um. Und plötzlich, am Ende des Gletschers, sah ich das, was ich wie eine Erlösung empfand. Hier hatten mich vor vier Wochen meine vier Träger aus dem Rolwaling aus Angst verlassen, aus durchaus berechtigter Angst vor mir Verrückten, der ich mich auf den Entdeckerspuren von Sven Hedin und Herbert Tichy empfand, wenn auch nicht streng geographisch, doch auf jeden Fall ideell, und ich war mit der verbliebenen Last von neunzig Kilogramm allein weitergezogen, über den gut fünftausendsiebenhundert Meter hohen Nangpa La. (Francek Knez, der berühmte slowenische Bergsteiger, bei dem ich mich im Basislager unter der Südwand des Cho Oyu aufgehalten hatte, hatte irgendetwas wie „heilige Mutter Gottes" gemurmelt, als er meine Last zu heben versuchte.)

Ich hatte lange Zeit kein Gras mehr gesehen. Aber der Wind, mein vertrauter, ständiger Begleiter, spielte nun mit den dürren Gräsern einer Almwiese, und da und dort lag auch schon ein Flecken Sonne in unerhörter Heiterkeit darin, und ein kleines, bequemes, sicheres Steiglein führte durch das fast ebene Tal hinaus, dorthin, wo die Menschen waren.

Wolfi, der Dhaulagiri und die blauen Bomber

Das Bergsteigen erzählt nicht allein eine Geschichte der Triumphe, wie es manches Mal den Anschein hat, sondern vielleicht mehr noch eine Geschichte des Scheiterns. Es gibt Berge, die sich als Schauplätze des Scheiterns besonders gut eignen, und der Dhaulagiri gehört zweifelsohne dazu, weil sich durch seine schiere Größe, Höhe und Exponiertheit jede aufziehende Schlechtwetterfront an seinen riesigen Wänden bricht. Ausgerechnet dorthin wollten wir, um unser Mütchen zu kühlen.

Weil die meisten von uns mittellos waren, wie damals und auch heute noch fast alle Bergsteiger, nahmen wir gern Hilfe von außen in Anspruch. Zur finanziellen Unterstützung durch einen Pharmakonzern, der Hausmann & Boche oder so ähnlich hieß, mussten wir uns allerdings verpflichten, ein neuartiges Schlafmittel auszuprobieren, das damals noch nicht auf dem Markt war. Wir willigten ein, teilten uns brüderlich die zwanzigtausend Schweizer Franken und fuhren los. Der durchschlagenden Wirkung wegen und aufgrund der Form und Farbe dieser Tabletten sollten wir das Schlafmittel wenig später „den blauen Bomber" nennen.

Voller Vorfreude auf unser Abenteuer, aber des langen Fluges wegen ziemlich übermüdet in Kathmandu gelandet, tranken wir auf meinem Hotelzimmer noch einen Whisky, um mit dem darauf folgenden Nachmittagsschläfchen dem Jetlag den Garaus

WOLFI, DER DHAULAGIRI UND DIE BLAUEN BOMBER

zu machen. So saßen wir zu dritt, Wolfi und ein anderer Expeditionsteilnehmer und ich, und prosteten uns fröhlich zu.

Ich habe schon immer eine gewisse Schwäche für medizinische Selbstversuche gehabt und fand es deshalb eine gute Idee, den bislang unerprobten blauen Bomber gleich hier und jetzt, in der Sicherheit des Hotelzimmers, zu verkosten. Flugs war die ansehnliche blaue Pille mit einem Schluck Whisky hinuntergespült. Wenig später wurden die Gespräche auffallend philosophisch. Der Expeditionskamerad stellte eine komplexe Frage und Wolfi hörte schweigend zu. Meine Antwort war in einem solchen Maße verdichtet und intelligent und umfassend, dass ich noch heute überzeugt bin, den bedeutendsten Satz meines Lebens von mir gegeben zu haben. Wolfi blickte mich verständnislos an (und ebenso der andere Kamerad), rang sich jedoch zur Feststellung durch: „Das habe ich jetzt nicht verstanden!"

Ich übte mich in Geduld.

„Schau", sagte ich, „das ist doch einfach und so kristallklar." Dann versuchte ich die Antwort zu wiederholen, merkte aber dieses Mal am Ende des Satzes, dass die kristallene Klarheit in meinem Gehirn nicht mehr bis zur Zunge gelangt war. Irgendetwas war hier auf einmal nicht mehr koordiniert. Dann weiß ich von nichts mehr. Meine Kameraden erzählten mir, ich sei im gleichen Moment mit dem Stuhl umgefallen und auf der Stelle eingeschlafen, worauf sie mich zu Bett brachten und zudeckten. Das war der Auftakt unserer medizinischen Forschungsfahrt zum Dhaulagiri.

Damals begann der Anmarsch zum Berg in Pokhara, weil es ja noch keine Straße ins Khali Gandaki gab. Wir campierten also auf dem Fußballplatz von Pokhara und sortierten den ganzen Nachmittag unsere Ausrüstung. Eine Menge Einheimischer stand an einem Zaun und beobachtete neugierig unser Tun.

Ein halbes Jahr vorher hatten mich hier nächtens einige Räuber überfallen. Sie hatten mit einem Messer ein Loch in meine

Zeltwand geschnitten und meinen Rucksack hinausgezogen. Bis ich begriff, was mir geschehen war, und ich durch den Eingang des Zeltes nach draußen geschlüpft war, hörte ich nur mehr das Patschen von Füßen, das sich im strömenden Regen verlor.

Im Rucksack waren alle meine Besitztümer gewesen und auch das gesamte Geld, das für die Träger bestimmt war. In diesen Monaten hatte es mehrere solche Vorfälle und auch noch weit tragischere Vorkommnisse gegeben, und ich nahm mir vor, dieses Mal mehr Vorsicht walten zu lassen und nach verdächtigen Gestalten Ausschau zu halten. Tatsächlich waren da drei verwegene Typen, die uns schon seit Stunden, hinter einem Steinmäuerchen stehend, aufmerksam beobachteten. Genauso musste es vor gut sechs Monaten gewesen sein, als sie den Expeditionsleiter, also mich, ausgekundschaftet hatten, denn damals waren zwar alle unsere Zelte aufgeschnitten worden, aber nur *meinen* Rucksack hatte man gestohlen.

So schlich ich mich, nicht ohne freudige Erwartung der Bosheit im Herzen, im weiten Bogen von hinten an sie heran. Sie unterhielten sich halblaut und bemerkten mich nicht. Sie standen mit dem Rücken zu mir und eng genug beieinander, dass ich mit dem lauten Ruf „Hab ich euch endlich erwischt, ihr Spitzbuben!" die äußeren beiden beim Genick packte und sie mit dem dritten in der Mitte an den Köpfen zusammenstieß. Eine solche Kommunikation muss, um Erfolg zu haben, immer im Dialekt des Angreifers stattfinden, in diesem Falle eben Tirolerisch, und ich sah zufrieden zu, wie sie erschrocken hintereinander davonrannten, sich in sicherer Entfernung an einer Hausecke kurz umdrehten, sich die Schläfen massierten und gleich nicht mehr zu sehen waren.

Am nächsten Tag zog unsere Karawane los, und wir erreichten, auf und ab über die Höhenrücken des Kali Gandaki wandernd, nach einigen Tagen Beni, den letzten größeren Ort auf unserem Anmarsch zum Berg. Hier gab es eine Polizeistation und eine Militärkaserne, und wir machten es uns auf der Holzveranda eines Bauernhauses bequem. Ein Gewitter nahte, wie man es nur im Khali Gandaki erleben kann, wo die Tiefebene des subtropischen Terai fast nahtlos in das Hochgebirge der Achttausender übergeht. Entsprechend beeindruckt lauschten wir dem Krachen des Donners und dem minutenlangen Leuchten der Blitze. Bald trommelte der Hagel auf das Schindeldach der Veranda, aber das Prasseln hörte sich weich und vertraut an, und aus unserem Weg war ein kleiner, lustiger Bach geworden, in dem die Hagelkörner trieben. Der Wind trug den Duft der frühsommerlichen Felder durch die Räume des Hauses.

Wir verbrachten die Nacht auf Reismatten, und als wir am nächsten Morgen aufwachten, sah ich, wie Wolfi sich verzweifelt in der Bauchgegend kratzte. Auch ich kratzte mich, aber nicht in der Bauchgegend, sondern an Armen und Beinen, den bevorzugten Jagdgründen der Flöhe, und da wusste ich, dass Wolfi sich aus den Reismatten wieder einmal die Wanzen geholt hatte (die als Jagdgründe den Bauchgürtel bevorzugen) und ich eben die Flöhe. So wie in früheren Jahren. Aus unerklärlichen Gründen hatte Wolfi bei solchen Gelegenheiten immer die Wanzen und ich die Flöhe. Wir würden die Viecher erst auf fünftausend Metern wieder loswerden, wegen des Sauerstoffmangels.

Wir wanderten weiter taleinwärts. Untertags ließen uns die Viecher in Ruhe, denn schließlich mussten auch sie einmal schlafen. Wir unsererseits summten vor jedem Schlafengehen nun einige Takte von Jacques Offenbachs *Cancan*, denn wir wussten, dass die Wanzen und Flöhe in Erwartung der kommenden Freuden in unseren Schlafsäcken Cancan tanzen würden. Doch wir wussten auch, dass ihre Freuden nicht ewig dauern würden, denn in etwa zehn Tagen hätten wir die Höhe von fünftausend Metern erreicht, dann wäre Schluss mit Cancan. Denn haben

Sie, verehrte Leserinnen und Leser, schon einmal eine Wanze mit Sauerstoffgerät gesehen? Außerdem warfen wir uns jetzt vertrauensvoll vor dem Schlafengehen einen blauen Bomber ein. Die Wirkung war vorzüglich und ohne erkennbare Nebenwirkungen.

Es muss vor Dharapani gewesen sein, als wir das tief eingeschnittene Flusstal des Myagdi steil aufwärts verließen und ebenso ansteigend taleinwärts stiegen. Hier nun kamen wir zu einer Passage, die das Abenteuerlichste war, was ich jemals im Anstieg zu einem Dorf erlebte: Mitten in den steilen, um nicht zu sagen fast senkrechten Graswänden war eine Felswand, in deren Risse und Spalten die Einheimischen Holzknüttel und Äste getrieben hatten. Auf diese Äste hatte man Bretter und Kanthölzer von etwa zwanzig Zentimeter Breite gelegt, und das war der Zugangsweg zum nächsten Dorf.

Schurli, unser Expeditionsarzt, war damals schon sechsundfünfzig Jahre alt. Sein schneeweißes Haar ließ ihn uns jungen Recken noch älter erscheinen, die Sherpas nannten ihn liebevoll und unter Gelächter *Baci,* den Großvater, und er war zu allem Überfluss nicht schwindelfrei. Es half ihm nicht sehr, dass einige aus der Gruppe ihn hier nun unter Zurufen von Scherzworten und Gelächter beobachteten, wie er unter Todesangst und ohne in die fast senkrechten, Hunderte Meter abfallenden Wände hinunterzuschauen, sich über die leicht schwankenden Kanthölzer bewegte. Aber er schaffte es bravourös, und danach ging es über steile Berghänge hinauf, entlang von verkohlten Wiesen und Sträuchern. Unsere Sherpas erzählten uns, dass hier vor einigen Tagen eine fünfköpfige Familie bei einer Brandrodung vom Feuer eingeschlossen worden und in den Flammen gestorben war. Schließlich fand einer unserer Vorausgehenden noch zwei oder drei Köpfe der Familienmitglieder, und Wolfi und ich machten einen Umweg, um uns selbst den Anblick zu ersparen.

Schließlich erreichten wir das Dorf, und die Zelte wurden aufgeschlagen. Auf unseren armen Doktor, der eben den Horror vom Klettern an Kanthölzern über einem senkrechten Abbruch überstanden hatte, wartete schon eine lange Schlange von Kranken, die teilweise in tagelangen Märschen hierhergekommen waren, in der Hoffnung auf Heilung. Schurli war todmüde und selbst schon dem Einschlafen nahe, aber ohne Murren begann er unverzüglich mit den Behandlungen, begleitet vom Gezirpe der Grillen und dem Murmeln des Baches. Es waren die üblichen Magen- und Knie- und Tonsillitisgeschichten, und das Vorzimmer seiner Praxis begann sich zunehmend zu leeren. Weit hinten stand aber noch bescheiden und still ein alter, offensichtlich blinder Mann, gestützt von seinen beiden Enkelinnen. Als er endlich an die Reihe kam, bat ihn Schurli mithilfe eines übersetzenden Sherpas, sich auf die Isoliermatte vor seinem Zelt zu legen. Der alte Mann folgte seinen Anweisungen, legte den Kopf auf einen kleinen Polster und war im gleichen Moment vertrauensvoll eingeschlafen. (Man erzählte uns, dass er drei Tage lang mithilfe seiner Enkelinnen marschiert war, um den rettenden Doktor zu erreichen.) Die Augenhöhlen des alten Mannes sahen schrecklich aus, und Eiter und Blut liefen aus seinen Augenwinkeln. Schurli untersuchte ihn, dann drehte er sich zu mir und sagte leise, mit tiefem Bedauern in seiner Stimme: „Ich kann ihm nicht mehr helfen. Eine … Fliege. Kein Arzt der Welt kann ihm mehr helfen. Er wird blind bleiben."

Als der letzte Kranke den Platz verlassen hatte, ging ich zu Wolfi in ein nahe gelegenes Bauernhaus hinauf, und wir beschlossen, die kommende Nacht abermals auf der Terrasse des Hauses auf Reismatten zu verbringen. Denn Flöhe und Wanzen hatten wir ohnehin schon ausgefasst. Als nach dem Abendessen das letzte Licht an den Vorgipfeln des Dhaulagiri verschwunden war, summten wir vergnügt den Cancan, genehmigten uns vor dem Eintreffen unserer Quälgeister einen blauen Bomber und

WOLFI, DER DHAULAGIRI UND DIE BLAUEN BOMBER

Expeditionsarzt Franz „Schurli" Rhomberg im Einsatz.

spülten ihn mit Whisky hinunter. Wir schliefen vorzüglich und ohne Nebenwirkungen, doch am nächsten Morgen stellten wir fest, dass auch unsere kleinen Mitbewohner Gefallen am Geschmack von Whisky gefunden haben mussten, denn besonders Wolfis Bauch war noch geröteter und zerstochener als in den Tagen vorher. Anderntags stiegen wir das Myagdi Khola weiter hinauf und hinein und erreichten schließlich das Basislager des Dhaulagiri. Wir waren von Phokara bis hierher dreizehn Tage unterwegs gewesen.

Man konnte sich den Ort kaum trostloser vorstellen. Der Gletscher war schuttbedeckt, und weit und breit konnten wir keinen Graspolster entdecken. Aus dem Myagdi Khola pfiff ein eiskalter Wind herauf. Doch wir hatten nur den Berg im Auge und planierten ein jeder für sich einen ebenen Platz für sein Basislagerzelt und waren vergnügt und voller Vorfreude. Einer von uns sagte gar mit keckem Blick in Richtung des Gipfels und im breitesten Südtirolerisch: „Den Zapfn do oben, den reiß ma mit links nieda!" Wie vorhergesehen, hatten hier mittlerweile auch die Wanzen und Flöhe ihren Geist aufgegeben.

In den folgenden Tagen und Wochen stiegen wir nun am Berg auf und nieder und hatten die üblichen Vorkommnisse, wie man sie aus der Expeditionsliteratur kennt: die eine oder andere Magenverstimmung, kleinere Erfrierungen, hin und wieder einen Lawinenabgang. Einer unserer beiden Sherpas fiel dreißig Meter in eine Spalte und beleidigte sich die Bandscheiben und Rippen, wie übrigens auch der zweite, der ihn sicherte. Die derart spaltengeschädigten Sherpas weigerten sich nun, noch einmal weiter als bis zum Nordostcol auf fünftausendsechshundert Metern aufzusteigen, und von da an hörten wir die Worte „Den Zapfn reiß ma mit links nieda!" immer seltener.

Zu diesem Zeitpunkt waren Wolfi und ich wieder einmal in Lager zwei im ungemein steilen Nordostsporn angelangt. Es lag auf etwa sechstausendsiebenhundert Metern und war in einer

Spalte untergebracht, die sich für fünfzig oder achtzig Meter horizontal durch den Sporn zog und vorne und hinten offen war und daher gut belüftet war, was uns das heimelige Gefühl bescherte, in einem Windkanal zu schlafen. Aber immerhin waren wir hier vor Lawinen sicher.

Müde von der vielstündigen Spurarbeit, entfachten wir unseren Gaskocher und bemühten uns zwei Stunden lang, eine kleine Dose mit Hummersuppe aufzutauen. Wir waren noch im Sturmanzug, hatten die Steigeisen an den Schuhen und starrten wie hypnotisiert in die kleine Gasflamme, die vollkommen kraftlos gegen die vereiste Dose, den schneidenden Nordwind und die Sauerstoffarmut ankämpfte. Nachdem wir in den letzten Tagen immer klaglos und ohne Nebenwirkungen den blauen Bomber genossen hatten, fand ich es ganz natürlich, auch jetzt eine dieser magischen Schlafpillen aus der Packung zu drücken und zu schlucken. Wolfi tat es mir nach.

Ich erwachte am nächsten Morgen durch das spärliche Licht, das in unsere Spalte fiel, und die Kälte, die in den Schlafsack kroch. Die Hummersuppe stand noch am gleichen Platz, nur die Gaskartusche war leer. Wolfi sah mich prüfend an und richtete sich im Schlafsack auf. Er wechselte die leere Kartusche gegen eine volle und entzündete den Brennerkopf.

„Gestern habe ich einen schönen Stress mit dir gehabt", sagte er dann und lächelte.

„Stress? Was für Stress?" Ich war völlig ahnungslos.

„Du hast den blauen Bomber genommen und warst kurz darauf bewusstlos!"

„Was? Du hast ihn doch auch genommen!"

„Bei mir hat er nicht gewirkt. Bin die halbe Nacht wach gelegen."

„Wach gelegen?"

„Na, nicht ganz. Hatte schon einiges zu tun!"

„Was zu tun?"

„Du warst quasi bewusstlos. Du hattest noch die Steigeisen an und den Sturmanzug. Hab' volle zwei Stunden gebraucht, dir das alles auszuziehen und dich in den Schlafsack zu bringen!"

Erst lange nach der Expedition kam uns der Gedanke, dass man uns vermutlich abwechselnd ein Placebo und einen wirklichen Bomber in die Verpackung fabriziert hatte (wirklich dahinter gekommen sind wir nie, und ich will's auch gar nicht mehr wissen).

An diesem Tag stiegen wir den steilen Nordostsporn höher. Wolfi trug das Sturmzelt für das letzte Lager und ich die Seilrolle für die steilsten Stellen. Ab einer Höhe von etwa siebentausend bis siebentausenddreihundert Metern fixierten wir ein Seil. In dieser Höhe bei schlechten Verhältnissen den dritten oder sogar vierten Schwierigkeitsgrad zu klettern, fiel uns nicht gerade leicht, aber wir stiegen weiter bis auf siebentausendsechshundert Meter, deponierten das Sturmzelt und fixierten es gegen den Sturm mit einem Felshaken. (Einige Tage vor uns hatten sich unsere Gefährten, recht berühmte Burschen, in diesen Seillängen ganz schön die Zähne ausgebissen).

Bei stärker werdendem Sturm stiegen wir ab. (Ich habe mir bei dieser Gelegenheit die linke Wange erfroren. Zehn Tage später konnte ich den schwarzen Schorf wie die Panier eines Wienerschnitzels herunterschälen.) Wir stiegen gleich über unser zweites Hochlager weiter nach unten und waren wieder im Lager auf sechstausend Metern angekommen. Dann stiegen wir weiter ab. Wolfi war hinter mir und sicherte mich am gespannten Seil.

Plötzlich blieben wir stehen. In Momenten der Gefahr reagieren eingeschworene Seilschaften oft gleich. Der Steilhang unter mir war unheilschwanger. Es war, als hätten wir das Unheil riechen können. Ich tat den ersten Schritt. Da zerriss ein Knall wie von einem Peitschenhieb den lautlosen Raum und eine riesige Lawine brach unter meinen Füßen los. Ich hätte den

Halt verloren, wenn mich Wolfi nicht in der gleichen Sekunde am straffen Seil gehalten hätte, und alles war so selbstverständlich, als sei es unser ganzes Leben nicht anders gewesen. Wir sahen der riesigen Lawine zu, wie sie sich über den Nordostcol ergoss. Ich hing im Seil über dem fast zwei Meter hohen Anriss der Lawine, Wolfi stand zwanzig Meter über mir und hielt das Seil. Wir verloren kein Wort und stiegen weiter ab.

Bald wurde die Luft spürbar dicker. Im nächsten Lager angekommen, kochten wir uns ein Abendessen und nahmen einen blauen Bomber zum Nachtisch. Ich wälzte mich schlaflos hin und her und beschloss, an meinem Tagebuch zu schreiben, während Wolfi schon lange schlief. Er schnarchte leise, und ich konnte deutlich vernehmen, dass er völlig ausgetrocknet war. So stupfte ich ihn vorsichtig in seinem Schlafsack. Ein Stöhnen.

„Wolfi", sagte ich. „Bist du durstig?" Wieder ein leises Stöhnen.

Ich rüttelte ihn an der Schulter. Endlich wachte er auf, richtete sich im Schlafsack auf, und ich reichte ihm einen Becher Tee aus der Thermosflasche. Er nahm mit beiden Händen den Becher und trank vorsichtig daraus. Dann sagte er: „Der ist aber heiß, der Tschang!" Hoppala, dachte ich mir, da kann jetzt aber etwas nicht stimmen.

„Das ist aber Tee!", sagte ich. Wolfi sah mir mit völlig klarem Blick in die Augen und wiederholte: „Heiß ist der Tschang, aber gut!"

Da wusste ich, dass bei dieser Verwandlung wieder einmal der blaue Bomber seine Hände im Spiel haben musste, und ich begann, die weitere Konversation in meinem Tagebuch festzuhalten.

Wolfi sah völlig klar aus, schien aber das Mitschreiben im Tagebuch nicht zu bemerken. Er schien zu träumen, jedoch mit geöffneten Augen. Und dann kam es: „Also, eines sage ich dir: Wenn morgen der … (und er nannte den Namen eines Expeditionsteilnehmers), der faule Hund, nicht zum Gipfel spurt, und wieder wir selber spuren müssen, dann nehmen wir uns einen Hubschrauber."

Er sprach dermaßen flüssig und zugleich sehr klar und wahr, dass ich mit dem Schreiben kaum nachkam. „… und wenn wir keinen Hubschrauber kriegen können, dann gehen wir nach Jomsom und nehmen uns ein Pony!"

Ich wollte seinen Redefluss nicht unterbrechen, und folgerichtig fuhr er gleich fort: „Mit dem Pony reiten wir dann zum Gipfel!"

Paff, das war interessant.

Aber es kam noch besser: „Und dann, zur Feier des Tages, soll uns die Marlene dreihundert Faschingskrapfen backen. Die essen wir dann alle auf einen Satz auf!" Marlene war eine gemeinsame Freundin in Innsbruck, die in den Jahren vorher für unsere Expeditionen immer köstlichen Linzer Kuchen als Wegzehrung gebacken hatte.

Am nächsten Morgen konnte sich Wolfi an nichts mehr erinnern. Wir stiegen ins Basislager ab. Wie um die Trostlosigkeit dieses Ortes noch zu unterstreichen, hatte sich unter dem Zelt meines unmittelbaren Nachbarn eine Spalte aufgetan. Wir halfen Friedl beim Übersiedeln und bauten sein Zelt ab. Die Spalte war schon mehr als dreißig Zentimeter breit, und ich nahm einen Stein und ließ ihn hineinfallen. Wir zählten „… einundzwanzig, zweiundzwanzig, dreiundzwanzig … ", bis wir endlich ein fernes Platschen hörten.

Nach einigen Rasttagen waren wir wieder einmal in unserer Eishöhle auf sechstausendsiebenhundert Metern angekommen. Wir saßen in der kraftlosen Abendsonne vor unserer Höhle und hatten fast nichts mehr zu essen. Mit knurrenden Mägen blickten wir in das Tal des Khali Gandaki hinunter. Da hörte ich mich selbst sagen: „Weißt du, was jetzt der Hammer wäre?"

„Nein", sagte Wolfi.
„Ein Wienerschnitzel. In Butter gebraten."
Wolfi entgegnete nichts.
Ich darauf: „Mit Kartoffelsalat. Und Preiselbeeren!"
Da fügte Wolfi hinzu (und machte sich damit in einem gewissen Sinne mitschuldig): „Und eine Flasche Weißwein dazu!"

Und auf einmal fing ich zu kauen an und hatte das Schnitzel und seinen Geschmack im Mund, und aus dem Augenwinkel sah ich, dass auch Wolfi andächtig kaute. Wir kauten und kauten, und es schmeckte uns vorzüglich. Die andächtige Stille wurde nur vom Kauen und dem Wind gestört. Doch auf einmal rief Wolfi ungehalten und ziemlich laut: „Aufhören. Sofort aufhören! Ich halt das nicht mehr aus!"

Ich stellte sofort das Kauen ein, und damit waren auch das Schnitzel und der Kartoffelsalat und der Weißwein Geschichte. Auch Wolfi hatte zu kauen aufgehört und saß nun schweigend neben mir.

Das sollte der einzige nicht harmonische Moment bleiben, den wir während unseres zehnwöchigen Unternehmens erlebten. (Wir Bergsteiger wissen ja alle, wie schnell in der Enge eines Zeltes Unmut entstehen kann. Ein Kletterer, mit dem ich Anfang der Achtzigerjahre zwei der schwierigsten Routen Tirols geklettert war, hatte, viel später, mit einem Franzosen in Tingri eine Woche lang ein Zimmer geteilt. Und er hatte diese eine Woche lang mit dem Franzosen nicht nur kein einziges Wort gewechselt, sondern ihn auch nicht einmal angeblickt. „Comme un chien", hat der Franzose später berichtet, wie ein Hund hatte er sich dabei gefühlt.)

Wir blieben vor dem Zelt sitzen, bis es dunkel wurde, dann zog über dem Khali Gandaki ein Gewitter auf, und wir blickten aus fast siebentausend Metern hinunter, wie etwa viertausend Meter unter uns ein riesiger Feuervorhang das Khali Gandaki durchspannte. Es wirkte wie ein riesiger Theatervorhang, nach

WOLFI, DER DHAULAGIRI UND DIE BLAUEN BOMBER

Die mächtige Südwand des Dhaulagiri bei Sonnenaufgang.

oben begrenzt, wie von einem Lineal gezogen und an einer Stange gehalten, und dieser Vorhang bestand aus Millionen, vielleicht Milliarden von Blitzen, die in ihrer Dichte wie eine undurchdringliche Wand erschienen. Diese Vorstellung währte weit mehr als eine Stunde. Uns schien es wie eine Ewigkeit, und wir konnten ihre ganze Pracht mit unseren von Sauerstoffmangel beschränkten Gehirnen gar nicht wirklich erfassen.

Am gleichen Abend erhielten wir noch einen Funkspruch von unseren Gefährten. Es war nichts mehr von einem „Den Zapfn reiß ma mit links nieda!" zu hören. Vielmehr vernahmen wir, wie ein anderer, der uns immer beim Spuren vornehm den Vortritt überlassen hatte, sagte: „Der Berg mag uns nicht. Ich gebe auf!"

Nach über einstündiger Beratung entschlossen wir uns, es ihm nachzutun, und stiegen am nächsten Tag ins Basislager ab.

War die Ankunft dort vor acht Wochen eine Art Triumph gewesen, den wir uns in unserer Siegessicherheit als Vorschuss genehmigt hatten, ähnelte unsere Abreise nun eher einer Flucht. Einige von uns entschlossen sich, über den Dhampus-Pass nach Marpha ins Khali Gandaki abzusteigen, doch Wolfi, Friedl Mutschlechner und ich blieben dabei, die Anmarschroute auch für den Rückweg zu nehmen. Ich glaube, wir haben nie mehr in unserem Bergsteigerleben unsere Rucksäcke so schnell gepackt wie an diesem Tag. Ohne noch einen einzigen Blick auf den Berg zu verschwenden, rannten wir schnellen Schrittes das Tal hinaus.

Wir sollten die Route unseres dreizehntägigen Anmarsches in nur drei Tagen zurücklaufen. Das war ungeheuerlich, und vorsätzlich kann das wohl niemandem gelingen. Doch wir konnten es. Ich erinnere mich unseres Dauerlaufs durch die Schluchten und die dazwischen liegenden Dörfer, unserer unendlichen Müdigkeit und der Blutblasen an den Füßen von Friedl (einige Zeit später wurde er am Manaslu bei tiefblauem Himmel auf siebentausendfünfhundert Metern von einem Blitz erschlagen.) Wir schnitten seine Blutblasen mit meinem Taschenmesser auf, in den wenigen Minuten der Mittagspause, und ich wusste, dass Friedl eine wahnsinnige Angst hatte, als gescheiterter Bergsteiger (er galt seit vielen Jahren als einer der besten Höhenbergsteiger der Welt) wieder ein Installateur werden zu müssen, was er gelernter Weise war, und dass er alles, aber auch alles tun würde, um aus diesem Leben herauszukommen und Bergsteiger sein und bleiben zu dürfen. Und so schnitten wir ihm bei der nächsten Mittagsrast wieder seine Blutblasen auf, und alles war voller Blut, und wir rannten beinahe besinnungslos weiter, währenddessen wir uns niemals umdrehten, um unseren Berg auch nur ein einziges Mal noch anzusehen. Aber ich erinnere mich an das Pochen meines eigenen Herzens, das wie aus der Ferne kam, und an die Geräusche der Dörfer und ihre Gerüche, an das Saugen der Wasserpumpen, das entfernte Gebell der Hunde und an unsere Sehnsucht nach vertrauten Bildern und Menschen, die so weit entfernt waren, wie es zehntausend Kilometer nur sein können.

Biratnagar

Im Südosten Nepals, im Hügelland des Terai, knapp an der indischen Grenze, liegt die Stadt Biratnagar. Am westlichen Stadtrand verfügt Biratnagar über einen Flughafen. Dieser Flughafen ist wohl der einzige Grund, warum man als Bergsteiger diesen Ort aufsucht. Denn hier nehmen die Flugverbindungen zu den Hochgebirgsregionen im Osten von Nepal ihren Ausgang.

Von hier waren wir mittels einer kleinen, zweimotorigen Twin Otter nach Suketar geflogen, einer kleinen Siedlung auf zweitausendsiebenhundert Metern Höhe, die ein nicht asphaltiertes STOL-Flugfeld aufweist (Short *T*ake *O*ff and *L*anding). Wir umwanderten in einer Schleife von etwa dreihundert Kilometern in den nächsten drei Wochen das Kangchendzönga-Massiv, den dritthöchsten Berg der Erde, und Harald Riedl, der an einem bestimmten Tag uns weit vorauseilte, konnte dabei auf einer Lichtung sogar einen Roten Panda beobachten, in der freien Natur ein äußerst seltenes Schauspiel, weil es wahrscheinlich im gesamten Himalaya nur mehr dreihundert von ihnen gibt. Insgesamt war es eine eher verregnete Tour. Tausende von Blutegeln lauerten uns überall auf, und wir entfernten sie mit Messern, Salz oder Feuerzeugen von unseren Schuhen. Dennoch mussten wir an jedem Abend feststellen, dass es vereinzelte dieser Plagegeister durch die Ösen der Schuhe ins Innere geschafft hatten, sich dort drinnen an unseren Füßen satt tranken und dann fett und aufgeblasen zerplatzten. Abends, beim Herausschlüpfen aus den Schuhen, war dann immer ein Blutbad zu sehen, und weil man das Blut auch nicht mehr wirklich entfernen konnte, nahmen diese Schuhe nach einigen Wochen eine olfaktorische Note an, die bei jedem Aasfresser ein Glücksgefühl hervorrufen musste. Wir lagerten unsere Schuhe wohlweislich immer außerhalb unserer Zelte und erreichten nach besagten drei Wochen wieder wohlgemut den kleinen Flugplatz von Suketar, ohne von einem Tiger oder Bären in näheren Augenschein genommen worden zu sein.

Harald, Renate und ich waren die einzigen Touristen hier. In wenigen Minuten würden wir in das tropisch heiße Biratnagar auf nur siebzig Metern Meereshöhe fliegen. Plötzlich stupfte mich Harry in die Seite. „Da drüben liegt ein alter Mann", sagte er. Ich konnte nicht sogleich etwas erkennen, weil eine Gruppe von zehn oder fünfzehn Menschen dicht gedrängt beieinander stand, doch nahm ich meinen Rucksack mit der Expeditionsapotheke und ging hinüber. Die Zuseher machten eine schmale Gasse frei, und wirklich lag ein alter Mann an der kleinen Böschung, die die Längsseite des Flugfeldes begrenzte. Er war ganz in Weiß gekleidet, und auch sein Haar und sein Bart waren weiß und sehr gepflegt. Sein gefurchtes, schmales Gesicht verriet große Schmerzen, und er wies mit seiner rechten Hand immer wieder auf seine Brust und seinen Hals. Er sagte, dass seine Speiseröhre brenne, und verlangte seltsamerweise nach Knoblauch. Ich konnte nur einen Herzinfarkt vermuten und legte ihm ein Nitrolingual unter die Zunge. Wenig später wirkte er entspannter, und da hörten wir auch schon die Twin Otter sich nähern und auf dem Flugfeld landen.

Die Maschine rollte aus und kam zum Halten, und wir halfen dem alten Herrn auf die Beine und über die kleine, schwankende Gangway hinauf, wo wir von einer jungen, hübschen, in einen Sari gekleideten Stewardess empfangen wurden. Wir setzten den alten Mann auf einen Sitz gerade vor meinem eigenen, und die Piloten starteten die Motoren und jagten das Flugzeug über die holprigen Graspolster in den makellosen Himalayahimmel hinein.

Der Flug von Suketar nach Biratnagar dauert nicht sehr lange, vielleicht zwanzig oder dreißig Minuten, aber auf halber Strecke krümmte sich der Oberkörper des alten Mannes wieder unter großen Schmerzen, und ich löste meinen Sicherheitsgurt und verabreichte ihm erneut eine Dosis Nitrolingual. Wieder wurde der Mann ruhig. Ich drehte mich zur Stewardess um, die hinter mir saß, und bat sie, zu den Piloten im Cockpit vorzugehen und über Funk einen Krankenwagen zum Flughafen zu bestellen. Sie tat, wie ich ihr geheißen hatte, verschwand für kurze Zeit im Cockpit und kam dann zurück. Ihr Gesicht verriet keine Regung. „Es tut mir leid", sagte sie, „ihren Wünschen nicht entsprechen zu können."

„Warum?", fragte ich. „Das wird doch das Selbstverständlichste der Welt sein!"

„Leider nein", sagte sie. „Die Vorschriften lassen es nicht zu, Sir."

„Warum nicht?"

„Der Herr", sie wies mit der Hand auf den alten Herrn vor mir, der vollkommen regungslos dasaß, „hat keine Verwandte dabei. Ohne Verwandte wird er nicht im Krankenhaus aufgenommen."

Ich bemühte mich, gegenüber der jungen Frau gefasst zu bleiben, schickte sie aber ziemlich gereizt noch einmal zu den Piloten in die Kanzel und ließ ihnen mitteilen, dass wir – Harald, Renate und ich – für die Behandlungskosten aufkommen würden. Dieses Mal dauerte es etwas länger, bis sie zurückkam, ganz offensichtlich kommunizierten die Piloten mit dem Krankenhaus.

„Leider nein", sagte sie erneut, als sie sich unverrichteter Dinge wieder vor meinem Sitz aufbaute. „Es sind die Vorschriften, Sir", ergänzte sie mit steinernem Gesicht.

BIRATNAGAR

Wir landeten in Biratnagar. Durch die geöffnete Flugzeugtüre schlug uns die ungewohnte Hitze des Tieflandes entgegen. Wir stützten den alten Herrn hinaus in die flimmernde Luft. Das Flughafengebäude von Biratnagar, ursprünglich ein weißgetünchter Betonbau, hatte nach kurzer Zeit, wie alle diese Gebäude in den Tropen, eine graue Farbe angenommen. Großflächiger Schimmel rahmte die hohen, schmutzigen Fensterscheiben ein. Wir lehnten den Mann im Schatten eines großen Baumes an die Außenmauer des Gebäudes. Harry und Renate versuchten noch einen Taxifahrer zu motivieren, den alten Herrn ins Krankenhaus zu bringen, hatten aber keinen Erfolg.

Für uns war es Zeit, das Anschlussflugzeug nach Kathmandu zu besteigen.

An der Ecke zur Abflughalle drehte ich mich um. Der alte Mann saß regungslos und mutterseelenallein im Gras. Ich ging noch einmal zu ihm zurück und drückte ihm eine weitere Nitrolingual in die schlaffe, hohle Hand. Dann durchschritten wir die lärmende Halle und traten wieder ins gleißende Sonnenlicht und über die Gangway hinauf in diese nun größere Maschine. Dabei fiel mir ein Ausspruch über die Hindus ein, den man Mark Twain zuschreibt. Er musste ihn im Jahre 1896 anlässlich seiner Indienreise von sich gegeben haben: „Sie sind ein merkwürdiges Volk. Ihnen scheint alles Leben heilig zu sein – bis auf das menschliche."

Das Flugzeug hob ab, und vielleicht hoffte ich im Stillen, dass es eine Schleife fliegen würde und ich den alten Mann noch einmal sehen könnte, um mich aufzuraffen, mit den Piloten dieses Flugzeugs über ihn zu reden. Aber das Flugzeug flog keine Schleife mehr; es befand sich im Steigflug gegen den Wind in gerader Richtung nach Kathmandu, und vielleicht hatte auch mich das dauernde Elend dieses Landes stumpf und gleichgültig gemacht.

Der sterbende Yak

Eine der zentralen Verhaltensregeln des Buddhismus empfiehlt, sich des Tötens zu enthalten. Nicht, weil es ein Gott empfohlen oder befohlen hat oder das Leben nicht uns selbst gehört, sondern deshalb, weil normalerweise für jedes Wesen das eigene Leben das höchste Gut darstellt. Im Tibetischen Buddhismus wurde dieses Gebot so weit ausgelegt, dass man vom Umstechen eines Gartens oder Ackers Abstand nahm, weil man dabei ja einen Regenwurm zerteilen könnte …

Wenn man, von Tingri (Tibet) kommend, mit einem Allradfahrzeug in Richtung des Himalaya-Hauptkamms fährt (in diesem Falle zum sechsthöchsten Berg der Welt, dem Cho Oyu), dann gebietet irgendwann einmal ein kleiner, scheinbar unbedeutender Gletscher dem imperialistischen Größenwahn des chinesischen Kommunismus Einhalt.

Es ist ein kleiner, wenngleich bewegter Gletscher. Hier ist Schluss mit dem Straßenbauen, denn der kleine, unbedeutende Gletscher, der sich unauffällig aus der Nordflanke des Cho Oyu durch ein Moränental heranschiebt, kaum mehr als hundert Meter breit, schiebt jede Baumaschine, sei sie europäischer, amerikanischer oder chinesischer Herkunft, mit seiner Fließgeschwindigkeit von vielleicht fünfzig Metern im Jahr vor sich her und zermalmt sie in kürzester Zeit zu Brei. Hier also war das Ende der Straße, und von hier aus startete unsere kleine Karawane.

Der Gletscher hatte auf seinem langen Weg vom Fuß des Cho Oyu riesige Massen von Geröll und Erde zur Seite geschoben und als Randmoränen aufgetürmt. Auf einer dieser Seitenmoränen schlängelte sich nun unser schmaler Weg verheißungsvoll dem Berg entgegen. Kurzes, schütteres Gras zitterte sich unter der aufgehenden Sonne vom Tau trocken, und der Bergwind trug uns den Duft von Heilkräutern in die Nasen. Das friedliche Läuten von Yak-Schellen begleitete uns.

Wir hatten neben unserer nepalesischen Stammmannschaft, die aus Sherpas bestand, auch einige tibetische Nomaden dabei. Sie hatten die Yaks mit unseren Lasten beladen und trieben sie nun unter stetigem Pfeifen vor sich her. Über ihren nackten Oberkörpern trugen sie Schaffelle und am Gürtel mittelgroße Schwerter, eine Feuersteintasche mit Zunder und eine kleine Tasche mit Nähzeug. All dieses Pfeifen, Bimmeln und stete Dahinzuckeln ließ uns beinahe vergessen, dass diese Menschen nicht mehr Herren im eigenen Land waren, sondern unterjocht von Chinesen, die etliche Jahrzehnte vorher das beinahe schutzlose Land überfallen hatten.

Wir verbrachten die Nacht in den Zelten, die unsere Sherpas in einer einladenden Senke aufgeschlagen hatten, und am nächsten Tag bummelten wir vergnügt weiter über den Moränenrücken. An diesem zweiten Tag zogen Wolken über den Horizont, helle, ja durchdringend weiße Wolken, wie von innen beschienen und doch an ihren Rändern scharf gegen das schwarze Blau des Himmels abgegrenzt. Sie hatten die Formen von Schiffen und großen Köpfen und Tieren, und ich begriff, warum die Tibeter einen jahrtausendealten, vertrauten Umgang mit dem Universum pflegen.

Unser Freund Helge war schon etwas voraus, aber Maria Peters und ich gingen knapp hintereinander und blieben auch fast zeitgleich stehen, als wir unterhalb unseres Weges einen Yak liegen sahen. Er lag dort mutterseelenallein. Sein braungraues Fell hob sich kaum vom kurzen, dürren Gras ab, als wäre auch er aus der umgebenden Landschaft geformt. Maria und ich nutzten den Anblick, um eine kurze Pause zu machen und zu verschnaufen. Der Yak bewegte sich lange Zeit überhaupt nicht, er lag nur ergeben da, und da erkannten wir, dass mit dem Tier irgendetwas nicht stimmte. Dann bewegte es seinen Kopf, aber nur ganz wenig und wie unter großen Mühen, und wir dachten, dass es im Sterben läge, weil es von hier aus abgestürzt oder altersschwach oder anderweitig verletzt war. Schließlich setzten wir unseren Weg fort und errichteten am nächsten Nachmittag unser Hochlager auf ziemlich genau sechstausend Metern Höhe.

Von hier konnten wir fast eben zum Nangpa La blicken, jenem berühmten, vergletscherten Pass, über den etwa fünfhundert Jahre früher die Sherpas, aus Osttibet kommend, nach Nepal gezogen waren und sich dort auf immer niedergelassen hatten. Wir wussten, dass dieser Pass noch immer auf einer der wichtigsten Fluchtrouten der Tibeter lag, wenn sie ihr besetztes Heimatland verlassen wollten oder mussten. Und genauso wussten wir, dass – ähnlich wie einst an der Berliner Mauer – ein genereller Schießbefehl seitens der chinesischen Behörden diese Fluchtversuche vereiteln sollte und dass dieser Befehl auch befolgt wurde. (Fünfzehn Jahre später sollten alle Erwachsenen einer Gruppe hier, auf der Flucht, von mit Zielfernrohren ausgerüsteten Militärs erschossen werden. Es waren sechzehn Erwachsene. Ihre Leichen warf man in Gletscherspalten und ihre Kinder brachte man in staatliche chinesische Erziehungsheime. Das Massaker ereignete sich Ende September 2006 unter den Augen von Bergsteigern und Sherpafreunden und wurde sogar von einem bulgarischen Kameramann in einem Film dokumentiert. Aber die Medien unserer westlichen Welt waren zu feige, über den Vorfall zu berichten.)

Wir selbst erkundeten in den folgenden Tagen den Zugang zum Palung Ri, einem Siebentausender gegenüber des Cho Oyu, und während unser Freund Salami Dawa nach einem brauchbaren Pfad zwischen den großen Felsblöcken suchte und auf einen toten Tibeter stieß, der auf der Flucht vor der chinesischen Polizei hier heroben – in der scheinbar friedlichsten Gegend der Welt, auf sechstausenddreihundert Metern – den Tod gefunden hatte, erhielten wir anderen im Lager Besuch von drei jungen Männern.

Sie torkelten mehr, als sie gingen, und beim Näherkommen erkannte ich, dass sie schneeblind waren. Wir legten sie auf eine Isoliermatte, und ich brachte ihnen Dexagenta-Salbe in die Bindehautsäcke ein. Sie hielten ganz ruhig und bewegten sich nicht. Als ich ihnen jedoch sagte, sie sollten liegen bleiben, um wenigstens eine halbe Stunde zu schlafen, sprangen sie auf und sagten, dass die Salbe schon wirke. Ja, sie wirke schon – und sie könnten wieder sehen, und überhaupt wäre ihnen die Polizei auf den Fersen. Sie würden erschossen werden, sagten sie, wenn sie erwischt würden, und ließen sich nicht aufhalten. Gleich darauf hielten sie auf große Felsblöcke hinter dem Lager zu, mit deren Grau sie bald verschwammen.

Einige Tage später machten wir uns wieder auf den Heimweg. Wieder war der Himmel wolkenlos, und sein dunkles Blau umrahmte die Konturen der langsam kleiner werdenden, weiß schimmernden Berge. Bergab und talauswärts schlenderten wir leichtfüßig dahin, und der Wind trieb uns den Duft von Wacholder entgegen und ließ die stumpfen, graubraunen Gräser schwanken und ihre silbrigen Unterseiten blinken, als gäbe es noch eine andere, unbekannte Seite an ihnen. Nach fünf oder sechs Stunden Marsch hatten wir wieder die Stelle erreicht, wo wir eine Woche zuvor den Yak gesehen hatten.

Er lag noch immer da, den mächtigen Kopf auf die Seite gelegt. Aber er hatte die Augen geöffnet, und wir sahen, wie er im

Wind die Lider schloss und wieder anhob. Man hatte ihm einen großen Ballen Heu vor die Nase gelegt und eine Schüssel mit Wasser hingestellt, aber das Tier schien nicht mehr die Kraft zu haben, sich daran zu laben. So saßen wir lange da, Maria und ich, unterhielten uns leise und fanden schließlich, dass hier doch ein Gnadenschuss dem Leiden ein Ende machen könnte. Aber dann wieder schwankten wir in unserer Meinung wie das Gras im Wind, denn der Anblick des Yaks bewegte uns selbst. Wir schwankten und schwankten zwischen der im christlichen Glauben gründenden Vorstellung der Gnade, der die Möglichkeit miteinschließt, das Leid eines Tieres zu beendigen, wenn es denn unumgänglich wäre, und dann wieder der kompromisslosen Haltung der Tibeter, eines jeden Wesen Leben zu respektieren, weil es ihm eben selbst das höchste Gut darstellt.

Nach einer langen Zeit standen wir wieder auf und schulterten unsere Rucksäcke. In unerhörter Heiterkeit nickten uns kleine Glockenblumen am Wegrand zu, und nach Norden hin grüßten ocker- und magentafarbene Wellen aus Hügeln, deren glimmerhaltiger Sand alles Irdische in einen tintenblauen Himmel sandte. Ein Spiegel, so groß, wie die Welt nur sein konnte.

Dieses gleißende Land war das Universum eines Sven Hedin, eines Peter Aufschnaiter, eines Herbert Tichy gewesen. Wir hätten es einfangen wollen, in diesen Minuten, mit den Augen und, wenn es nicht anders ginge, mit den Händen, aber so wie alles Licht zerfloss es uns durch die Finger, und keine Kamera der Welt konnte festhalten, was das menschliche Auge nur für einen Augenblick zu sehen vermochte.

An der nächsten großen Biegung des Weges, bevor wir den Yak aus den Augen verloren, drehten wir uns noch einmal zu ihm um. Er hatte sich nicht mehr bewegt. In der graubraunen Landschaft bildete sein Fell einen kaum mehr wahrnehmbaren Fleck, wie die ferne, ferne Erinnerung an eine Zeit, als man dieses Land noch als heilig empfand.

Die Spucknäpfe von Xangmu

Als im Jahre 1988 die kommunistische Führung Chinas das besetzte Tibet für den Tourismus zugänglich machte, war Wolfi mit einer kleinen Gruppe von gemeinsamen Freunden einer der Ersten, die einen Teil dieses großen, weiten Landes bereisten. Wenn man von Nepal kommt, ist Kodari der letzte Ort vor der Grenze. Der Reisende tut gut daran, sich hier auf einen jähen Paradigmenwechsel einzustellen.

In diesem kleinen nepalesischen Grenzdörfchen war alles von Leben erfüllt, selbst die in der milden Sonne glitzernden Müllhaufen schienen eine Heiterkeit auszustrahlen, die ihren Kollegen jenseits des sechs Meter hohen Eisentores, das die beiden Länder trennt, völlig zu fehlen schien. Alles hier bestand aus Leben, die Kinder und die Katzen und Hunde und jungen Ziegen hüpften im Staub herum, und die Gesichter der Erwachsenen zeigten einen freundlichen Gleichmut, der den anderen Menschen jenseits des Eisenzauns, ähnlich wie Gefangenen, völlig abhandengekommen zu sein schien.

Ich kann mich an die damaligen Erzählungen meiner Freunde nur allzu gut erinnern. Wie sie durch die geöffneten Gittertüren schritten (die sich jeden Tag um Punkt sechs Uhr abends wieder schließen) und dann zu Fuß – es musste sämtliches Gepäck von den Yaks abgeladen und über die Fußgängerbrücke, die sogenannte Brücke der Freundschaft, getragen werden – die jenseitige, auf tibetischem Territorium gelegene

Ortschaft Xangmu erreichten, um dort von finster blickenden chinesischen Soldaten in olivgrüner Uniform und Zöllnern mit roten Sternen auf den Tellermützen sehr harsch und abweisend kontrolliert zu werden. Dem einzigen Hotel am Platz zugewiesen, bekam ein jeder sein Zimmer zugeteilt, um feststellen zu müssen, dass die durchaus atemberaubenden Zimmerpreise nicht mit dem Standard korrelierten. Zwar stand in jedem Zimmer ein geräumiger Spucknapf in der Ecke, die Fensterstöcke und selbstredend auch die Fenster fehlten jedoch. So trieb der Himalayawind die Schneeflocken quer durch die Zimmer, und bei näherer Betrachtung stellte sich heraus, dass die Spucknäpfe noch nie geleert worden waren, sie waren etwa kniehoch und bis zum Rande vollgefüllt. Bei der leichtesten Berührung zeugte ein leichtes Schwabbeln davon, dass hier nicht immer Minustemperaturen herrschten.

Wohin wollen reisende Frauen und wohl auch Männer, um sich nach einer anstrengenden Busreise frisch zu machen? Natürlich ins Bad. Ein Glück war es, dass Wolfi damals als Erster das Badezimmer betrat, um es, eine Nuance bleicher, gleich wieder zu verlassen und seine Frau zu warnen, es jemals zu betreten. Denn nicht nur die Spucknäpfe, auch die Badewanne war nämlich voll, weil die Vorgänger sie offensichtlich mit der daneben stehenden Toilettenschüssel verwechselt hatten.

So waren meine Erinnerungen an die Erzählungen meiner Freunde, als ich selbst, zusammen mit Helge Mosheimer, einige Jahre später über die Brücke der Freundschaft schritt. Inzwischen hielt eine neue Katastrophe, nämlich die Vogelgrippe, die Welt in Atem, und als wir jenseits der Brücke an der Grenzkontrolle ankamen, mussten wir uns unter Aufsicht von grimmig aussehenden Soldaten zur Gesundenuntersuchung begeben, die darin bestand, dass uns ein ebenso grimmig aussehender Zöllner ohne vorherige Warnung ein pistolenartiges Gebilde an die Stirn hielt. Damit wurde die Temperatur gemessen, und glücklicherweise litt keiner von uns an einer erhöhten Körpertemperatur, sonst wären wir zurückgeschickt worden.

Im Hotel angekommen, stellten wir erfreut fest, dass man die letzten Jahre verwendet hatte, Fensterstöcke und Fenster einzubauen, die Spucknäpfe zu entfernen und die Badezimmer so weit zu säubern, dass der Benutzer nicht durch den bloßen Anblick schon einen Fieberschub erleidet. Dies war alles sehr erfreulich, und wir fühlten uns durch die Gnade der späteren Jahre gebenedeit und verzichteten hier gern auf den ruhmreichen Ruf von Pionieren.

In den folgenden Tagen reisten wir mit dem Geländewagen, bei jeder Gelegenheit streng kontrolliert durch Militärposten, bis an den Fuß der großen Berge, stapften dann einige Tage auf über sechstausend Metern in der Landschaft umher, gerade so lange, bis wir uns wieder auf ein anständiges Essen und ein Bier in der inzwischen als luxuriös erinnerten Umgebung von Xangmu freuten.

Wir waren also guter Dinge, Helge und ich, als wir uns, einige Kilogramm Körpergewicht leichter, auf die Suche nach einem Ort begaben, an dem wir möglichst unkontrolliert und unbelastet ein Bierchen zwitschern konnten. Nach einigem Auf und Ab an der steilen Hauptstraße von Xangmu lockte uns eine Art Bretterverschlag, ihn zu betreten. Er war nicht größer als zweieinhalb mal zweieinhalb Meter, und drinnen, an der linken Seite, saßen an einer kleinen Bar der Wirt und einige Freunde beim Kartenspielen, während auf der Straße die Kinder mit Spielzeugautos aus Holz Ornamente in den Staub des Gehsteiges zauberten.

An der rechten Seite des Bretterverschlages war das einzige kleine Tischchen des Etablissements unbesetzt, und dort ließen wir uns nieder, während uns die Wirtin mit gleichmütigem Gesicht ein Fläschchen Pflaumenschnaps und zwei Bier servierte. Hinter Helges Rücken war ein kleiner Fernseher angebracht, auf dem gerade eine Seifenoper lief, deren Handlung wir sogar verstanden, ohne des Chinesischen mächtig zu sein.

Wie wohl tat so ein erster Schluck Bier und Pflaumenschnaps nach doch recht vielen Tagen in Staub und Eis und Schnee, und unser Wohlgefühl wurde noch gesteigert durch den Anblick von jungen, hübschen Tibeterinnen, die nun, bei Einbruch der Dämmerung, mit kurzen Röcken und umso höheren Stöckelschuhen vorbeiflanierten und uns freundliche Blicke zuwarfen. Ein lauer Sommerwind spielte mit den Röcken der Mädchen, und die Szenerie verlieh sogar den betonierten Fassaden der kommunistischen Kitschbauten ein freundlicheres Gesicht.

Dieser Umstand und die Tatsache, dass uns die Wirtin, inzwischen etwas freundlicher geworden, ein zweites Fläschchen Pflaumenschnaps hergestellt hatte, bewog uns zur Einsicht, dass die Zeit der Spucknäpfe und der missbräuchlich verwendeten Badewannen nun endgültig vorbei war und irgendwann einmal auch dieses Land zur Normalität zurückfinden würde.

Die Seifenoper hinter Helges Rücken schien inzwischen beendet zu sein, denn mit einem Mal hörte ich die Stimme einer Sprecherin, und man sah auf dem Bildschirm marschierende Kolonnen mit geschulterten Spaten, wie sie sich daran machten, Straßen und Staumauern zu errichten, dazu Familien mit Kleinkindern, allesamt Menschen mit glücklichen Gesichtern, und jede Menge Sonnenauf- und -untergänge. Ich wandte mich ab, der Realität unserer Straße zu, auf der noch immer die kurzberockten Tibeterinnen schlenderten, als mir eine bekannte Melodie ins Ohr drang. Ich überlegte eine Weile und blickte wieder zum Fernseher: noch immer entschlossen marschierende Kolonnen, glückliche Kleinfamilien, Sonnenauf- und -untergänge … Ich begriff, dass es sich hier um eine Belangsendung der kommunistischen Partei Chinas handeln musste. Aber, wie seltsam, die Musik, mit der diese Sendung unterlegt war, stammte von Richard Wagner. Es erklang einer seiner größten Ohrwürmer, nämlich die Ouvertüre zu *Rienzi* (*der letzte der Tribunen*), die – oh, wie seltsam ist doch die Welt – die Lieblingsoper von Adolf Hitler gewesen ist.

So saßen wir und sahen die Sonne auf dem Bildschirm auf- und untergehen und die glücklichen, entschlossenen, jungen chinesischen Marschgesichter und all die Errungenschaften des kommunistischen Systems, und dazu die Sprecherin, die in markigen Worten und ebensolcher Körperhaltung (an der sich sogar die Fernsehsprecherin von Kim Il Sung ein Beispiel hätte nehmen können) etwas erklärte, dessen Sinn wir begriffen, ohne auch nur ein Wort zu verstehen. Und es war wirklich *Rienzi* von Wagner, was dazu im Hintergrund erklang, was aber hier, im kommunistischen China, wahrscheinlich niemandem bewusst war.

Wir schenkten uns noch einen Pflaumenschnaps ein und hielten die Köpfe schräg, um besser hören zu können. Ich selbst war ja nie ein Wagnerianer gewesen, aber diese Ouvertüre hatte schon sehr früh mein Herz erreicht. Wir betrachteten die am Bildschirm vorüberziehenden Inszenierungen, und ich dachte mir in der milden Wärme des Pflaumenschnapses, dass es doch in irgendeiner Zukunft, und mochte es Äonen dauern, über die Musik zu einer Art Weltfrieden kommen könnte. Dann, wenn nicht mehr der Herrschaftsanspruch von Parteibonzen, Oligarchen und Beamten von Belang wäre, sondern die Musik als Allmachtsgestalterin die Menschen verbände; wenn die Menschen wieder zu ihren allerersten Prägungen, der Sprache und eben der Musik, zurückgefunden hätten, ja die Musik den Weltenlauf bestimmen würde. Dann gehörten Bach und Mozart und Mendelsohn und gewiss auch Wagner wahrhaftig allen, und der Geist hätte von der Welt Besitz genommen, und nicht irgendwelche eigennützigen und rechthaberischen Interessen. So dachte ich mir beim nunmehr dritten Fläschchen Pflaumenschnaps. Und die Töne wären wie unsichtbare Fäden, die sich um die Welt rankten, und diese Fäden würde man dichter und dichter weben, so lange, bis eine Decke entstünde, die uns alle wärmte, von Wladiwostok bis Wisconsin, von Baffin Island bis Punta Arenas, von der Beringstraße bis Kap Komorin, vom Oval Office bis zu unserem kleinen Tischchen mit dem Pflaumenschnaps hier in Xangmu, im Schatten der großen Berge.

Mit leeren Händen

Unsere Tibeter hatten die Yaks abgeladen und die Sherpas begonnen, unsere Zelte mitten in einem Streifen der nachmittäglichen Sonne zwischen den spärlichen Büscheln der zitternden Gräser aufzustellen. Wir befanden uns auf fünftausendvierhundert Metern Meereshöhe, an der Grenze dessen, wo der Mensch noch ständig leben kann und daher eine Dauerbesiedelung möglich ist. Der warme Aufwind trug uns manchmal kleine Staubhosen von der nahen Randmoräne zu, ab und zu hatten sich Schmetterlinge daruntergemischt, weiße und zitronengelbe und braune. Es waren keine Vögel zu sehen, daher durften wir vermuten, dass die Schmetterlinge ungefährdet ihr Schaukelspiel fortsetzen konnten. Doch schon die kommende Nacht würde ihren Spielen ein Ende bereiten, wenn sie, unterkühlt wie sie waren, es niemals mehr herunterschaffen würden ins Leben, so sehr sie sich auch anstrengten, und wir ihre kleinen Leichen auf den nahen Gletschern fänden.

An diesem warmen Nachmittag tauchte plötzlich eine junge Tibeterin auf und steuerte mit kleinen Schritten (denn sie trug über ihrer Hose einen langen Rock) zielsicher auf mein Zelt zu. Mein Erste-Hilfe-Koffer musste sie angezogen haben, und gleich fing sie an, mit den Handflächen über ihre Nierengegend zu streichen und, etwas verschämt und leise, in ihrer Muttersprache etwas zu erläutern. Salami Dawa übersetzte, da er ein wenig Tibetisch konnte. (Salami hatte seinen Spitznamen vor

Jahren von uns bekommen, weil er Salami liebte und weil Dawa in Nepal ein sehr häufiger Name war, etwa wie im Deutschen Hans oder Franz, und er durch diesen Zusatz von unserem Kamera Dawa unterschieden werden konnte, der der Kameraassistent von Maria Peters war. Die Namen blieben ihnen sogar bis in ihre Heimatdörfer erhalten.)

Salami Dawa also übersetzte, und, weit entfernt davon, ein Mediziner zu sein, kapierte ich doch bald, dass die junge Frau nur etwas wie eine Nierenbeckenentzündung haben konnte und ich hier, Hunderte Kilometer von jeglicher medizinischen Einrichtung entfernt, keinen Fehler machen konnte, wenn ich ihr ein entsprechendes Antibiotikum verabreichte. Damit war sie zufrieden, und Dawa ermahnte sie noch, nur ja das Antibiotikum bis zum Ende einzunehmen. Dann verschwand sie wieder hinter der nächsten Hügelkuppe.

Zwei Tage später war die junge Tibeterin wieder da. Doch dieses Mal trug sie ein Baby in den Armen. Sie erklärte unserem Salami Dawa wortreich, dass sie wieder ganz gesund sei und die Schmerzen verschwunden, dass jedoch ihr Kind krank sei. Ob ich ihm wohl auch helfen könnte? Als sie mir das Kind reichte, fiel mir sofort auf, dass sein Köpfchen unmittelbar nach hinten kippte, wenn man es nicht abstützte, und dachte, dass dies bei einem halbjährigen Baby, denn auf dieses Alter schätzte ich das winzige Wesen, normal sei, weil der Muskeltonus noch nicht ausgebildet war. Aber irgendein Verdacht brachte mich dazu, sie zu fragen, wie alt das Kind sei. Salami Dawa übersetzte: vier Jahre. Jetzt erinnerte ich mich an die ausführlichen Erklärungen meines Freundes Rainer Pieber, der mit uns sehr oft im Himalaya gewesen war. Rainer ist nicht nur Kinderarzt, sondern auch ein begabter Didaktiker, der sogar mir medizinischem Laien manche Zusammenhänge erklären hatte können, sodass auch ich sie verstand. So fragte ich die junge Frau, auf welcher Höhe sie das Kind geboren hätte.

„Hier", sagte sie und beschrieb mit der Hand einen kreisförmigen Bogen, „hier heroben." Ich erinnerte mich bruchstückhaft an die Erläuterungen von Rainer – Jahre zuvor – und mir schien, dass der Möglichkeiten Legion wären, hier heroben ohne Muskeltonus auf die Welt zu kommen. Hervorgerufen wurde das bei externem und internem Sauerstoffmangel, bedingt durch den Geburtsvorgang oder pränatal bei Blutarmut, denn Kinder brauchten viel Eisen. Selbst in unseren medizinisch hochentwickelten Ländern bedarf es in einem solchen Fall jahrelanger Bemühungen, um den Muskeltonus herzustellen, so erinnerte ich mich der Schilderungen meines Freundes, und sogar dann sind diese Bemühungen oftmals fruchtlos.

War es falscher Stolz, der mich jetzt zu einer raschen Antwort drängte – die es aber gar nicht geben konnte –, nur um meine Glaubwürdigkeit nicht zu verlieren?

Ein zu langes Schweigen musste ja zwangsläufig das Vertrauen der jungen Frau in mich erschüttern, hier heroben, in dieser lebensfeindlichen Umgebung und Höhe. Also hörte ich mich mit möglichst großer Überzeugung sagen (und Salami übersetzte mit ebensolcher Stimmlage): „Beten. Du musst viel beten. Das wird helfen!"

Diana

Mitten in Namche Bazaar, dem unbestrittenen Zentrum des Solo Khumbu, also des Sherpalandes, befindet sich auf etwa dreitausendfünfhundert Metern die kleine Lodge von Ang Phurba, benannt nach dem darüber aufragenden Berg Thamserku. Die Lodge war die erste von Namche Bazaar, deren Gastraum einen Ofen aufwies. Auch waren damals schon die Wände des Gastzimmers und der Schlafräume getäfelt wie deutsche Stuben, denn der Schwiegersohn von Ang Phurba, der ihre Tochter Tshering geheiratet hat, ist ein Baumeister aus dem Allgäu und verbrachte viele Urlaube im Heimatort seiner Frau, um die Lodge auszubauen und wohnlicher zu machen.

Der Ofen hatte den Effekt, dass bald alle anderen Lodges in Namche auch einen Ofen einbauen lassen mussten, denn fortan hatten sich sämtliche Touristen um den warmen Ofen von Ang Phurba gekauert, während in all den anderen Lodges ohne Ofen und bei offenen Haustüren in etwa Gefriertemperatur herrschten. Wir hatten lange gebraucht, um dahinterzukommen, warum in Sherpahäusern niemals die Haustüren geschlossen wurden. Die Antwort war so einfach wie einleuchtend: Eine geschlossene Haustüre signalisierte dem Ankommenden Abweisung, Nicht-Willkommen-Sein, ja Feindseligkeit. Nirgendwo im ganzen Solo Khumbu fand man damals eine geschlossene Haustüre, aber eben als Konsequenz davon Gasträume wie Kühlschränke, in denen der Wind vorne hinein- und hinten hinausblies.

DIANA

Der wirtschaftliche Vorsprung von Ang Phurbas Lodge war also unübersehbar. Zusammen mit ihrem langjährigen Koch aus dem Stamm der Rai, einem Brudervolk der Sherpa, der die besten Yaksteaks und Hühnerschnitzel und Chili Chicken auf dem Herd zauberte, bildete sie ein unschlagbares Team. Jeder, der sich nur ein wenig in Namche Bazaar auskannte, trachtete danach, in der Thamserku Lodge unterzukommen.

Ang Phurba litt schon seit erdenklichen Zeiten an Asthma, schon auf Meereshöhe ein nicht sehr wünschenswertes Handicap und umso fataler auf dreieinhalbtausend Metern über Normalnull, was uns Raucher schon damals alle bewog, unserer Sucht im Freien nachzugehen. Gesellig wie Raucher nun einmal sind, kam ich eines Tags mit einer spindeldürren Engländerin ins Gespräch, die sich nicht nur als die Organisatorin des Everest Marathons herausstellte, sondern auch an ihren Glimmstängeln mit einer ähnlichen Ausdauer zog wie ich. Diana, so hieß sie, machte anfangs den grimmigen Eindruck eines Menschen, der schon vieles gesehen und nicht alles davon für gut befunden hat. Offensichtlich hatte sie die meiste Zeit ihres Lebens außerhalb von Großbritannien verbracht. Sie war mit einem Sherpa verheiratet gewesen, der inzwischen verstorben war. Aus dieser Verbindung gab es einen Sohn, der sich jetzt irgendwo in Südostasien aufhielt, in Hongkong oder Singapur. Während sie sich noch eine Zigarette anzündete, erzählte sie von ihrer Kindheit in England und den Hungerjahren nach dem Weltkrieg, denn in Großbritannien hätten die Lebensmittelkarten länger als in Deutschland oder Österreich den Alltag geprägt, und wie sie, Diana, dann über Umwege nach Österreich gekommen und in den Sechzigerjahren Betreuerin in einem Männerwohnheim in Linz geworden war. Obwohl Diana immer noch recht gut Deutsch konnte, zog sie es vor, in ihrer Muttersprache zu reden, und so erzählte sie von den trostlosen Schicksalen dieser Männerheiminsassen und von einem ganz besonderen Fall, einem ehemaligen Tito-Partisanen. Der war schon frühmorgens immer betrunken gewesen, sagte sie, weil er das Leben nicht mehr anders ertragen hätte, „*The poor guy*!" Er war Jahre vorher während der deutschen Besatzung in seinem Land ein Partisan geworden, aber um seiner Führung zu beweisen, dass er wirklich dazugehörte, hatte er seine eigene Familie ermorden müssen. Damit war er nie fertig geworden, the poor guy, sagte Diana, und deshalb hatte man ihm auch nicht verargen können, dass er Tag und Nacht trank.

Am nächsten Tag fand der Everest Marathon statt, und Diana war von früh an mit der Organisation im Zielraum beschäftigt, der im Zentrum von Namche, nahe unserer Lodge, aufgebaut war. Für Annina, Mingmar, Giallo und mich wurde es Zeit, weiter taleinwärts zu wandern, denn wir wollten in einigen Tagen den Gokyo Peak besteigen, um dann wieder zu Yaksteak und Bier in die Lodge von Ang Phurba zurückzukommen.

Und wirklich standen wir vier Tage später auf dem Gipfel dieses fünfeinhalbtausend Meter hohen Grasberges, während rund um uns unter dem schönsten Himmel der Welt die riesigen Berge des Himalaya aufgereiht waren. Während ich mir zusammen mit Mingmar und Giallo eine Gipfelzigarette genehmigte und Annina nach diesem doch recht anstrengenden Aufstieg aussah, als wäre sie eben kurz über die Straße zum Einkaufen gegangen, lagerte in einer kleinen Kuhle unter uns ein buntes Völkchen aus verschiedenen Nationen und ließ ganz dezent aus dem Kofferradio ein klassisches Klavierkonzert erklingen. Sie waren unter Gelächter damit beschäftigt, einen großen Schokoladenkuchen unter uns allen möglichst gerecht aufzuteilen, und ließen, nach dem Genuss des Kuchens, noch einen Joint die Runde gehen. Es waren Sherpas, Bhutanesen und Inder, auch ein Chinese war dabei und unüberhörbar einige Menschen aus osteuropäischen Ländern, erkenntlich daran, dass sie scheinbar ohne die Verwendung von Vokalen die

Unterhaltung bestritten. Wenn es eine friedliche Vereinigung der Völker dieser Welt gab, dann fand sie ganz sicher hier und jetzt statt.

Drei Tage später waren wir wieder in der Thamserku Lodge angekommen und freuten uns über die heiße Dusche, das gute Essen, die Zigarette und die Gespräche mit Diana vor der Türe. Auf mich wirkte sie unverändert und gleich wie immer, wie sie dick eingepackt in Flauschjacke und Mütze unverdrossen an ihrem Glimmstängel zog. Auch unsere Gespräche waren unbefangen und heiter. Doch irgendwie musste sie es dann an diesem Abend geschafft haben, mit meiner Tochter Annina unter vier Augen zu reden, von Frau zu Frau sozusagen. Das Mobiltelefon Dianas, nach Aussagen von Annina ein zwanzig Jahre alter „Ziegel", war wohl der Anlass gewesen, denn Diana wünschte, mit diesem Gerät eine SMS zu verschicken, und Annina, in etwa im gleichen Alter wie der Ziegel, sollte ihr dabei behilflich sein.

Erst am Abend des übernächsten Tages, als wir schon wieder viele Stunden talauswärts in einem Teehaus in Lukla angekommen waren, erzählte mir Annina, welch dunkles Geheimnis ihr Diana anvertraut hatte. Ich merkte an ihrer Schilderung, dass es sie große Überwindung kostete, mir diese Geschichte weiterzuerzählen. Dass dies ihr letzter Besuch im Himalaya sei, hatte Diana gesagt, dass man Lungenkrebs konstatiert hatte und sie schon jetzt alles in die Wege geleitet habe, um ihren Verwandten und Freunden jede mögliche Belastung zu ersparen. Die Begräbnisrituale und der Sarg seien bereits bezahlt und ihre Hinterlassenschaften geordnet. Sie wolle niemandem zur Last fallen, sie habe ein gutes Leben gelebt und könne ohne jede Bitterkeit fortgehen. Für die Organisation des Everest Marathons würde sich jemand anders aus dem Komitee finden. Den Einwand von Annina, sie solle sich doch medizinische Hilfe holen, wenn sie zurück in England sei, hatte sie widerwillig, ja fast wutschnaubend abgelehnt. Sie erzählte, ihr verstorbener Mann sei zum Schluss krank gewesen, und sie sei erfolglos von einem Arzt zum nächsten verwiesen worden. Und, so deutete sie an, ihr Mann sei im britischen Gesundheitssystem als Mensch zweiter Klasse behandelt worden, da er kein Weißer war.

Sie war sehr zufrieden mit sich und der Tatsache, dass sie bereits die gesamte Beerdigung inklusive Sarg organisiert und bezahlt hatte. Am wichtigsten dabei war ihr, dass ihr Sohn durch ihren Tod keinerlei Arbeit oder Unannehmlichkeiten haben sollte. Sie hatte ihm nicht einmal gesagt, dass sie krank war.

Hier nun hatte Annina vehement versucht, auf sie einzuwirken und ihr verständlich zu machen, dass er doch ein Recht habe, zu erfahren, wie es in Wahrheit um seine Mutter stand. Schließlich nahm sie ihm durch ihr Verhalten jegliche Möglichkeit, sie noch einmal zu besuchen und Abschied zu nehmen, möglicherweise auch, noch ein paar Dinge mit ihr ins Reine zu bringen. Annina hatte sie gefragt, ob sie nicht glaube, dass er es ihr übel nehmen würde, wenn er eines Tages einfach aus heiterem Himmel von ihrem Tod erfahren würde.

Hier nun hielt Annina in ihrer Erzählung inne, rührte ein wenig mit dem Löffel im Kaffee und nahm ein Stück vom Kuchen. Dann fuhr sie wie in einem Selbstgespräch fort: „Sie wehrte alle meine Argumente ab mit der Begründung, sie wolle das Leben ihres Sohnes nicht durcheinanderbringen, indem sie ihn quasi zwang, seine Arbeit zu unterbrechen."

„Aber", so setzte sie nach einer Pause hinzu, „insgeheim wurde ich das Gefühl nicht los, dass es um etwas ganz Anderes ging. Vielleicht wollte sie einfach nur bis zum Schluss die Kontrolle über ihr Leben behalten – selbst im Sterben."

Als wir zwei Jahre später wieder über den steilen Weg nach Namche Bazaar hochgestiegen waren und zu unserer Zufriedenheit ein freies Zimmer in der Thamserku Lodge gefunden hatten, fragte ich – nachdem ich nun allein in der Kälte vor der

Türe eine Zigarette geraucht hatte – in der Wärme der Gaststube unsere Wirtin, ob sie von Diana noch einmal etwas gehört oder gesehen hatte.

Ang Phurba ist eine Sherpani, und Sherpas reden nicht gern oder überhaupt nicht über Vergangenes, schon gar nicht über Verstorbene oder Menschen und Dinge, die aus ihrem Blickfeld verschwunden sind. So wandte sich Ang Phurba nicht unhöflich, aber wie abwesend in ihren eigenen Gedanken im gleichen Augenblick von mir ab, und ich hörte ein kaum wahrnehmbares „Nein" und das Murmeln eines Gebetes, während sie weiter an ihrem Rosenkranz drehte.

Lunag

Zehn Jahre nach meiner Alleinwanderung nach Tibet und zurück war ich wieder in Lunag angelangt, am Fuße des über fünftausendsiebenhundert Meter hohen Nangpa La, der die Grenze zwischen Nepal und Tibet bildet. Aber dieses Mal war ich nicht allein, Nima Dorjee Sherpa und Santa Gurung begleiteten mich. Sie waren inzwischen gute Freunde von mir geworden und bei jeder Verrücktheit gern dabei. Wir waren das weite und lange Tal des Bhote Khosi heraufgestiegen und hatten dafür vier Tage vorher die Grenzposten in der Nacht umgangen, denn das ganze Tal war zur Grenze nach Tibet hin militärisches Sperrgebiet. Unterhalb von Lunag erreichten wir zu unserer Freude eine einsame Almhütte, aus deren Kamin dichter Rauch in den kalten Herbsthimmel stieg. Wir betraten das kleine gemauerte Haus und durch einen kleinen Vorraum gelangten wir in eine Art Gaststube, in der aber jegliches Mobiliar fehlte. Doch am Boden saßen, mit den Rücken zur Wand gelehnt, zwölf junge Menschen, und erst nach einer ziemlichen Weile fiel mir die Stille im Raum auf. Normalerweise flögen hier Scherzworte hin und her, man würde Karten spielen, Tschang trinken und sich lautstark unterhalten, aber diese jungen Leute hier taten nichts dergleichen. Nun begriff ich endlich, dass es sich hier um keine Nepalesen handelte. Sie mussten tibetische Flüchtlinge sein, die am gestrigen Tag über den Nangpa La gekommen waren. Die Stille hier war so seltsam und unerwartet, dass auch ich rat- und sprachlos war. Santa brachte aus der Küche drei kleine Schemel, und wir setzten uns darauf und starrten auf die gegenüberliegende Wand und die schweigenden Menschen.

Mit einem Gefühl der Sehnsucht erinnerte ich mich an die tibetischen Nomaden, die ich Jahre vorher immer wieder hatte erleben dürfen. Handgenähte Schuhe aus Stoff und Filz, ein Schwert mit handgefertigter Scheide und ebensolchem Griff, eine Feuersteintasche, ein Beutel mit Nähzeug, selbstgenähte Stoffhosen und um den nackten Oberkörper ein Schaffell. So überquerten sie in tagelangem Marsch mit ihren Yaks den hohen, vergletscherten und mit Spalten übersäten Nangpa La. Für ihr Nachtlager verwendeten sie etwas Heu, das sie für die Yaks mitführten und das sie kaum vor der Kälte des eisigen Bodens schützte, darauf schliefen sie, in ihre Schaffelle gewickelt.

Aber diese jungen Leute hier, in der einsamen Almhütte, hatten keine Schaffelle. Sie waren in dünne, billige Hosen und Pullover gekleidet, wahrscheinlich gefertigt in irgendeiner Industriestadt in Südchina, und die winzigen Sporttaschen, die sie mitführten, kaum groß genug, um eine dünne Decke darin aufzubewahren, verstärkte den Eindruck der Armseligkeit noch. Beim Anblick dieser jungen Menschen und der Totenstille im Raum waren auch Santa und Nima, die sonst nie um einen Scherz verlegen waren, die Worte ausgegangen. Schließlich siegte meine Neugier. Ich wusste, dass Nima etwas Tibetisch konnte, er, der ansonsten nie in seinem Leben Lesen und Schreiben gelernt hatte, und ich bat ihn um Übersetzung.

Wo waren die jungen Leute her? Natürlich aus Tibet, aus der Nähe von Tingri, kam die Antwort. Jetzt entstand eine längere Pause der Verlegenheit. Natürlich wollten sie Nepal durchqueren und in Indien Exil finden, wie so viele ihrer Landsleute auch, so wie es dem Dalai Lama vor langer Zeit gelungen war. Wieder entstand eine längere Pause, aber eine Frage noch brannte mir unter den Nägeln: Was mit ihren Eltern und den Angehörigen jetzt passiere? Auf diese Frage erhielt ich keine Antwort. Sie sahen nur alle stumm geradeaus, und das war Antwort genug.

Dann fiel mir ein, dass ich noch ein Bündel Ein-Dollar-Noten bei mir hatte. Ich verteilte die Noten an die jungen Leute, sie nahmen sie regungslos entgegen und starrten weiter auf die Wand. Es war nun mitten am Nachmittag, aber die Sonne begann schon sich aus diesem Hochtal zurückzuziehen. Die jungen Leute blieben unbeweglich mit ihren Rücken zur Wand sitzen, und wir konnten nicht erkennen, was wir hier noch ausrichten sollten.

Also begaben wir uns in die Küche, und langsam kam zwischen uns wieder ein Gespräch zustande. Unsere Gastgeber, ein altes, freundliches Sherpa-Ehepaar, hatten sogar noch ein wenig Tschang in Reserve, und wir baten die alte Frau, einen Topf davon auf dem Herd zu erwärmen. Schließlich ließen wir uns dieses selbst gemachte Bier schmecken und hörten irgendwann, dass sich im Gastraum etwas bewegte. Die jungen Tibeter machten sich zum Aufbruch bereit. Ein Blick aus dem Fenster zeigte uns, dass das Tageslicht im Schwinden war. Die Flüchtlinge packten ihre winzigen Sporttaschen, verließen die Hütte und steuerten einen brusthohen Felsen an, der etwa fünfzig Meter entfernt war. Dabei sammelten sie von den niedrigen Sträuchern Wacholderzweige, häuften sie auf diesem Stein und entzündeten sie. Dann standen sie im Kreis um das kleine Feuer, dessen dünne Rauchsäule kerzengerade in den dunkler werdenden Himmel stieg. Es handelte sich offensichtlich um ein Opferfeuer, auch wenn wir keine Gebete hören konnten. Alles geschah in völliger Stille. Ohne dass wir Worte einer Verständigung gehört hätten, reihten sich die jungen Tibeter alsbald in einem Abstand von etwa zwanzig Metern in einer Linie auf. So waren sie über das ganze breite Tal verteilt, und wir verstanden, dass sie dies taten, um zu verhindern, von einer Polizeipatrouille, die hier möglicherweise ihren Dienst versah, als ganze Gruppe gefangen genommen zu werden.

Seit Jahren schon waren in Kathmandu und Pokhara Hunderttausende Flüchtlinge aus Kaschmir und Tibet und anderen Ländern ansässig, und sie waren von den Nepalesen wohlgelitten, obwohl diese selbst in Armut lebten, aber vielleicht gerade deshalb das Recht auf Asyl als heilig betrachteten. Inzwischen aber hatte die bisher überaus gastfreundliche nepalesische Regierung auf Druck der chinesischen Kommunisten damit begonnen, tibetische Flüchtlinge festzunehmen, wenn sie ihrer habhaft wurden, um sie an China auszuliefern. Das wollten diese jungen Menschen hier mit ihrem Verhalten verhindern, und Nima Dorjee ließ keinen Zweifel daran, dass sie jeden Polizisten, der sie aufzuhalten versuchte, umbringen würden. Das war unser stummer Eindruck von diesem Ort, der uns bei unserer Ankunft als der friedlichste Platz der Welt schien, und wir drei standen stumm in der beginnenden Kälte und sahen den jungen Menschen nach, wie sie langsam in der Dunkelheit des Tales verschwanden.

Franz

Die zwei Männer lagen regungslos in dem winzigen Zelt, den Blick starr an die Kuppel gerichtet. Es waren nur drei Geräusche zu hören: das Saugen an den Sauerstoffmasken, das Schneewehen außerhalb des Zeltes und das leise Stöhnen, wenn sich einer von ihnen aufrichtete, um auf den Druckanzeiger seiner Sauerstoffflasche zu blicken. Es war kalt im Zelt, um die dreißig Grad minus, und wenn einer mit den Schultern die Zeltwand streifte, rieselte den Männern der Raureif ins Gesicht. Sie befanden sich auf achttausendfünfhundert Metern, im letzten Lager des Mount Everest. Ihre Sauerstoffmasken waren verschieden: Eine war die Klettermaske, die andere eine Schlafmaske und ungeeignet zum Höhersteigen. Wenn Mitternacht vorbei war, mussten sie sich entschieden haben, wer von ihnen die Klettermaske verwenden durfte, um den Gipfelgang trotz geringer Erfolgschance zu unternehmen. Der andere würde währenddessen mit der Schlafmaske im Lager auf ihn warten.

Draußen wurde es grau, eine Ahnung von Licht drang durch die Zelthaut. „Nächsten Monat werde ich vierundfünfzig", sagte Josl Knoll, der ältere der beiden. „Geh du. Du bist viel jünger. Du hast die besseren Chancen."

„Ja", sagte Franz nur. Dann schlüpfte er aus dem Schlafsack, mühte sich in die Schuhe, die Steigeisen. Ein letzter Händedruck, dann drehte er das Ventil des Sauerstoffs auf sieben Liter in der Minute und stieg los. Zu seiner Linken zeigten sich

FRANZ

Allein am Dach der Welt: Franz Oppurg hält den historischen Moment in diesem Bild fest.

die ersten, zitternden Umrisse der aufgehenden Sonne, sie warf den Schatten des Gipfelaufbaues über das tieferliegende Western Cwm und den Südsattel. Nach drei Stunden hatte er den Südgipfel erreicht, achttausendsiebenhundertfünfzig Meter. Auch wenn er immer nur zehn Schritte gestiegen war, um dann eine Pause einzulegen, waren ihm die letzten zwanzig, dreißig Höhenmeter qualvoller erschienen als alles andere, was er in seinem bisherigen Bergsteigerleben an Anstrengung erlebt hatte. Nun hielt er inne und blickte auf den Druckanzeiger. Die Nadel zeigte auf Null. Er erschrak. Hatte er zu weit aufgedreht? Er blickte hinüber zum Hillary Step und zum Hauptgipfel. Der war nun in ebenso weite Ferne gerückt wie der Weg zurück. Es war das Ende.

Er setzte sich in den Schnee, blickte um sich. Der Lhotse war klein geworden, auch der Makalu, ihre Eisigkeit gebrochen durch ein mildes Frühlingslicht. Weit draußen die Gletscherzungen, wie sie sich in das Grau der tibetischen Hochebene schoben. Landschaften, die uns lehren, alle Unbill des Lebens in Gleichmut zu ertragen. Er fühlte die Müdigkeit in sich aufsteigen, auch Resignation, und stützte sich mit den Armen hinter seinem Rücken im Schnee ab.

Plötzlich spürte er etwas Hartes. Er drehte sich um, fing zu graben an. Eine französische Sauerstoffflasche kam zum Vorschein. Ihr Gewinde passte auf seine Maske. Und sie war voll.

Ächzend stieg er die wenigen Meter auf eine kleine Schneide ab, kletterte, allein wie er war, den ausgesetzten Hillary Step. Dann stand er auf dem Gipfel. Es war der 14. Mai 1978, und Franz Oppurg der erste Mensch, der allein auf dem Gipfel des Everest stand.

Franzens Vater war vom Krieg mit einem Herzleiden heimgekehrt. In dem Bauernhof in Steinach, der der Familie gehörte, lag der Vater im Sterben, während im nächsten Zimmer Frieda, die Mutter, mit Franz in den Wehen lag. So gesehen, hat Franzens Leben schon dramatisch angefangen. Er ist ohne den Vater aufgewachsen, und manchmal dachte ich im Stillen, vielleicht war das der Grund, warum Franz doppelt so schnell und doppelt so stark leben hat müssen, weil er für den Vater auch noch mitleben hat müssen, für den fehlenden.

Die Geschichte von Franz Oppurg ist auch eine Geschichte über das Finden, und vielleicht sind die Gegenstände, die er fand, nur ein Kürzel dafür, wie es sich mit anderen, unaussprechlichen Dingen verhält.

Damals nahmen wir mit unseren Langlaufskiern öfters an Bergrennen teil. Beim Geierlauf verlor ich bei einem Sturz in einer Schussfahrt von der Torspitze die Spange meiner Langlaufbindung. Es war aussichtslos, dieses kleine Federchen im nächtens gefallenen Pulverschnee zu finden, und wir saßen betrübt im Schnee und sahen zu, wie uns eine Staffel nach der anderen wieder überholte. Das Rennen schien zu Ende. Plötzlich, nach etwa zehn Minuten, stand Franz auf, ging etwa vier oder fünf Meter in den unverspurten Schnee hinein, bückte sich, griff bis zum Ellenbogen hinein und hatte die Feder in der Hand. Ebenso war es einmal, als er im stockdunklen Wald stolperte und seinen Stiftzahn verlor. (Es war der gleiche Zahn, den er sich beim Knüpfen der Gipfelflagge auf dem Everest ausbeißen sollte). Wir hatten keine Lampe dabei, aber nach wenigen Minuten fand er ihn wieder.

Franz Oppurg wurde am 17. September 1948 in Steinach geboren. Sein Vater starb früh – im Alter von dreiunddreißig Jahren – und die Familie zog, zusammen mit dem Stiefvater nach Wattens. Nach Abschluss der Pflichtschule erlernte Franz den Beruf des Metzgers.

Welches Motiv ihn dann bewog, das Bergsteigen in den Mittelpunkt seiner Lebensinteressen zu stellen, bleibt unergründlich. Vielleicht gab es viele Motive, genauso wie es verschiedene Arten von Intelligenz und verschiedene Arten von Liebe gibt.

Seine erste größere Klettertour unternahm er zusammen mit Toni Eliskases. Franz war sechzehn Jahre alt. Es war die Herzogkante an der Lalidererspitze. Dieser großen Wandflucht und den umliegenden Karwendelbergen sollte er bis zum Lebensende treu bleiben. Jahre später kletterte er, zusammen mit Bernd Hollaus, als Erster im Winter den Lamsenpfeiler, den Lafatscherpfeiler, die Lafatscherverschneidung und den Buhl-Durchschlag. Wintererst- und -zweitbegehungen waren auch die „Schubert" am Torre Venezia mit Rudi Mayr sowie die „Schubert" an der Schüsselkarspitze mit Dieter Lutz und Rudi Mayr. Als Erster durchstieg er, zusammen mit Arno Gasteiger, zwei Lalidererrouten an einem Tag.

Der Erste zu sein, das war ein Grundthema von Franz. Er stand gewissermaßen für den Pioniergeist des Menschen. Es ging ihm darum, den Anfang zu machen, und zwar dort, wo noch niemand vor ihm gewesen war. Unentwegt zog es ihn in das Unbekannte hinaus, dorthin, wo es noch etwas zu erobern gab. Dabei kümmerte er sich kaum um die Umsetzung (Vermarktung würde man es heute nennen). Nie hielt er sich lange mit einer Sache auf: Weiter, immer nur weiter war seine Devise; mochten andere fortsetzen, was er begonnen hatte. So waren wir auch die Ersten, die Mitte der Siebzigerjahre mit dem Wasserfallklettern begannen.

Im Jahre 1973 wurde er in den Alpinen Klub Karwendler aufgenommen. Ein Jahr später verlor er seine Arbeit. Der Betrieb, in dem er den Beruf des Metzgers erlernt hatte, war verkauft worden. Nun zog eine Bank in die Räume ein. Franz aber wollte seinen Beruf auch gar nicht mehr ausüben, dazu mochte er die Tiere zu gern. Ein Jahr lang arbeitete er mal dies, mal das, er fand nichts, was seinen Neigungen entsprochen hätte, und nun plagten ihn manchmal Existenzängste. Deshalb traf es sich gut, dass er am ersten Mai 1975 in die Hochgebirgskompanie des Bundesheeres in Absam eintrat. Hier fand er durch seine

Kompaniechefs Rudi Hinteregger und Werner Haim ein verständnisvolles Umfeld. Seine Existenz war nun gesichert, wenn das Einkommen auch bescheiden blieb.

Später hätte er ein kleines Vermögen machen können aus dem Umstand, der Erste (vom letzten Lager weg) allein auf dem Gipfel des Everest gewesen zu sein. Aber Franz war kein guter Verkäufer, und zu seinen eigenen Vorträgen kam er immer in letzter Minute, unter einen Arm den Projektor geklemmt, unter den anderen zwei Diakassetten.

Einen Industriellen, der glaubte, sich Franzens Dienste zwecks Durchsteigung der Eiger-Nordwand mit viel Geld kaufen zu können, servierte er mit einer Vehemenz ab, dass alle Umsitzenden in der Gaststube die Köpfe einzogen. Seinen Freunden gegenüber aber zeigte Franz einen unerschöpflichen Langmut.

Hilfsbereite und verständnisvolle Haltung zeichneten ihn aus: Wir jungen Bergsteiger fanden in ihm für die ersten Jahre unseres Tuns einen idealen Lehrmeister, aber auch einen Menschen, der um seine Abhängigkeiten und Gefährdungen im Leben wusste, und trotzdem ja sagte zum Leben, und es liebte.

Im Jänner 1980 wurde ihm aus der Verbindung mit seiner Freundin Monika ein Töchterchen geboren. Sie lernte ihren Vater kaum kennen, genausowenig wie Franz seinen eigenen Vater kennengelernt hatte, der auch mit dreiunddreißig Jahren gestorben war.

Im selben Jahr fuhr Franz mit einer internationalen Expedition zum Kangchendzönga. Er erreichte eine Höhe von achttausendeinhundert Metern. Es war die Zeit, in der durch die internationale Bergsteiger- und Kletterszene ein radikaler Wandel ging. Einige drahtige Angelsachsen und Australier, angeführt von Ron Fawcett, zeigten einer staunenden Umwelt ihre akrobatischen Kunststücke im achten Schwierigkeitsgrad. Bald hing der Jugendraum im Wattener Alpenvereinshaus voller Poster junger Männer, die mit nackten Oberkörpern über Überhänge

FRANZ

Franz Oppurg zeichnete sein Pioniergeist aus: Es ging ihm darum, den Anfang zu machen, und zwar dort, wo noch niemand vor ihm gewesen war.

turnten. Der letzte Sicherungspunkt unweit der großen Zehen blieb meistens aus dem Bild ausgenommen. All das machte einen wesentlich spektakuläreren Eindruck als die Dias von Franz, wie er sich im oberen sechsten Schwierigkeitsgrad, möglicherweise zwanzig Meter über dem letzten Haken, durch eine eisige Nordwand mühte.

Das ganze Thema wurde in Franzens Abwesenheit von einem Kollegen und Freund in einer Weise aufgebauscht, dass wir meinen mussten, wir seien totale Anfänger. Ebenso stellte er die Art des Expeditionsbergsteigens, die Franz betrieb, als überholt und geradezu lächerlich hin. Es war vielleicht nichts anderes als das Auflehnen gegen den Übervater, aber er war einer von uns und darüber hinaus einer von Franzens engsten Seilpartnern, der als ehemaliger Schüler seinem Lehrmeister viel verdankte. Niemand erzählte Franz etwas davon, als er müde und resigniert vom Kangchendzönga heimkehrte. Aber irgendwie musste es ihm dann doch zu Ohren gekommen sein, und es machte ihn sehr betroffen. Er stellte den Verursacher zur Rede, und danach versuchten alle, zu kitten, was zu kitten war. Aber der feine Riss durch unsere kleine Gemeinschaft blieb sichtbar. Franz fühlte sich wie ein Student, der die chemischen Formeln für die Prüfung nicht weiß, aber im Gegenzug dem Professor anbietet, nur mit einem Feuerstein und nassem Holz in strömendem Regen ein wärmendes Feuer zu entzünden.

Hatte er schon bei seinen Himalayafahrten lernen müssen, dass es sich bei Expeditionen nicht unbedingt um Unternehmungen zur Optimierung von Freundschaften handelt, so musste er nun Ähnliches zuhause, auf dem dünnen Eis der gegenseitigen Beziehungen, erfahren. Vielleicht wäre er, der temperamentvolle Vorwärtsdränger, auch in den patagonischen Sturmwänden besser aufgehoben gewesen als beim geisttötenden Schneetreten im Himalaya? Vielleicht wären die damals noch großteils undurchstiegenen Wände seiner wortkargen

Sehnsucht nach Kreativität, nach Hinterlassen von sichtbaren Fußstapfen in den Bergsteigerchroniken eher entgegenkommen? Davon geträumt hat er jedenfalls.

An jenem 9. März 1981 kletterte er, der ohnehin immer ein eleganter Kletterer war, noch um vieles besser. Er kletterte die Seillängen im obersten sechsten Grad mit den schweren Schuhen so, wie ein anderer sich im vierten Schwierigkeitsgrad bewegte, ohne auch nur einmal innezuhalten, in völliger Souveränität.

Auf dem Gipfel blieben wir lange sitzen. Franz, der ansonsten eher wortkarg war, begann nun, einige Lebensthemen anzuschneiden. Er zweifelte an seiner Laufbahn, er zweifelte an seinem Können als Kletterer. Als ich entgegenhielt, dass er an diesem Tag so gut geklettert war, wie ich es noch nie zuvor bei jemandem anderen gesehen hatte, ging er gar nicht darauf ein. Er fühle eine große Einsamkeit um sich, sagte er, und ich entgegnete, dass er doch viele Freunde habe. Freunde, sagte er, habe er keine.

„Doch", entgegnete ich betroffen. „Du hast uns. Und es gibt eine Menge anderer Leute, die dich gern haben." Als Antwort strich er mir nur mit der Hand über den Helm.

Wir begannen mit dem Abstieg. Wir hatten zusammen nur ein Paar Handschuhe dabei und tauschten sie alle zehn Minuten. Am Übergang zum Hechenbergele – es lag eine Menge Schnee – verlor ich ihn durch einen kleinen Felspfeiler für wenige Sekunden aus den Augen. Dann hörte ich ein jähes Geklimper von Haken und Karabinern. Als ich um den Pfeiler gebogen war, sah ich unter mir, in der Steilrinne, seinen Helm, weiter unten die Handschuhe und rollende, immer schneller werdende Steinchen, die bald hinter dem nächsten Steilabbruch im Nichts verschwanden.

Das Brockengespenst

Manches Mal trägt uns das Leben Bilder zu, die man niemals mehr vergessen wird, wie vergänglich sie auch an einem Himmel über uns stehen mögen. Manches Mal sind es auch Bilder, die aus Geräuschen entstehen, und Klängen, wie etwa dem Rauschen, das man bei der Durchsteigung von großen, von Schluchten durchzogenen Wänden häufig vernimmt. Oft ist dieses Rauschen vom Aufschlagen eines Steins und den Schreien einer Dohle begleitet, ehe es sich in einer dieser Rinnen und Schluchten verliert, und man glaubt, nur mehr den eigenen Atem und das Schlagen des Herzens zu vernehmen. Aus all diesen Lauten entstehen Bilder, zu denen wir uns immer wieder mit einer imaginären Stirnlampe zurücktasten können, in die Labyrinthe unserer Erinnerung, und die uns tröstlich in unseren Schlaf begleiten.

Und manches Mal sind es stumme Bilder, die ganz einfach am Himmel stehen, seltener zwar als alle anderen, dafür aber umso unvergesslicher.

Der Ort eines solchen Bildes ist die Nordwand des Langkofels in den Dolomiten, die ich als Sechzehnjähriger zusammen mit meinem älteren Freund und Lehrmeister Franz Oppurg durchstieg. Diese Nordkante ist eintausendeinhundert Meter hoch, aber rein klettertechnisch nicht sehr schwierig, und so kletterten wir an diesem frühherbstlichen Tag ohne Seil entspannt höher und höher und hatten nach etwa vier Stunden

den Gipfelgrat dieses mächtigen Berges erreicht. Nach einer weiteren halben Stunde des Kletterns, wobei wir dem langen Grat in Richtung des Abstiegs folgten, setzten wir uns für eine kurze Rast nieder und blickten in die Runde. Da sahen wir in der dunstigen Nebelwand oberhalb der eben unter uns gelassenen Nordwand zwei riesige Silhouetten stehen, im ersten Moment dunkel und bedrohlich, aber gleich, nachdem wir unsere eigenen Bewegungen darin wahrgenommen hatten, seltsam vertraut: ein Spiegelbild unseres Seins, auf das Hundertfache vergrößert. So saßen wir beide, auf einem der stolzesten Gipfel der Dolomiten, vielleicht für eine halbe Stunde und bewegten uns ab und zu, um die Bewegungen in unseren Spiegelungen zu sehen und sie deshalb für wahr zu halten.

Wieder zu Hause, las ich in meinem Meyers Taschenlexikon, was die Wissenschaft über dieses Phänomen zu berichten hatte und wo und wann es zum ersten Mal beobachtet wurde, nämlich im Jahre 1780 am Brocken im Harz. Hier wurde es durch den Schatten des Beobachters erklärt, der auf eine Nebel- oder Wolkenschicht fällt und dadurch nicht durch eine feste Fläche abgebildet wird, sondern durch jeden einzelnen Wassertropfen des Dunstes. Durch Luftbewegungen bewegt sich der Schatten, selbst wenn der Beobachter still steht. Das konnte ich auf gar keinen Fall beobachtet haben, denn unsere Konterfeis in der Nebelwand bewegten sich nur, wenn wir uns entsprechend bewegten, und standen still, wenn wir still standen. Die wissenschaftlichen Erklärungen dafür empfand ich als wenig fesselnd, ja langweilig. Sie zerstörten die Poesie unserer Erscheinung, weil sie diese auf fehlende Orientierung durch mangelnden Weitblick und nicht vorhandene Nachbarberge ähnlicher Höhe zurückführte und reduzierte.

Viel später habe ich noch zwei weitere Male ein Brockengespenst gesehen. Einmal, beim Abstieg von einem Karwendelgipfel, knapp oberhalb der Seegrube und einmal, dreißig Jahre später, beim Abstieg vom Tarke Kang (früher Glacier Dome genannt), mitten im Himalaya. Aber beide Male waren meine jeweiligen Begleiter zu müde, um auch nur hinzusehen, und das war für mich nicht zu begreifen, denn das Brockengespenst im Himalaya füllte fast das ganze Tal des Modi Khola unter uns. Ich nahm meinen Freund unter dem Kinn und hob es an, um seinen Blick darauf zu richten, aber er ließ den Kopf hängen und war zu erschöpft, und nach einer Weile gab ich es auf, und es sollte nie mehr so werden wie an jenem Spätsommertag 1972 in den Dolomiten, denn manche Dinge kann man nur wirklich erleben, wenn man sie teilen kann.

Die Hütte, die Wand und die zwei Seiten des Lebens

Als die sechsjährige Paula Kostenzer am Montag, dem 10. August 1959, im Keller der Falkenhütte im Karwendel in einen Bottich mit kochendem Wasser fiel, weil sie ihre Puppenkleider waschen hatte wollen und auf dem glatten Brett ausgerutscht war, gab es auf der Hütte weder Funk noch Telefon. Tilly, ihre Mutter, packte sie in die Leinenhandtücher des Alpenvereins mit dem eingewebten grünen Edelweiß, weil die immer ausgekocht waren, und trug sie zum Jeep.

Peter Kostenzer, Paulas Vater und der Wirt der Falkenhütte, hatte Jahre zuvor den damals fünfundvierzigjährigen Eduard Bodem kennengelernt und von ihm die Telefonnummer und das Versprechen erhalten, im Notfall auf seine Hilfe bauen zu können, wie schwierig der Auftrag auch werden würde. Und jetzt war er mit der schwer verletzten kleinen Paula auf dem Rücksitz des Jeeps durch das lange Johannistal unterwegs zum nächsten Telefon in Hinterriss, um von dem Rettungsflieger das Versprechen einzufordern.

Vor dem Gasthaus „Herzoglicher Alpenhof" stellte er den Jeep ab, strich der leise wimmernden kleinen Paula über den Kopf, stieg aus und starrte zum Himmel. Der Rettungsflieger war benachrichtigt, es war ein makelloser blauer Sommertag, und Peter starrte und starrte und öffnete dazwischen die Wagentüre und strich dem Kind über das Haar.

DIE HÜTTE, DIE WAND UND DIE ZWEI SEITEN DES LEBENS

Spielplatz der Helden: die Falkenhütte im Karwendel mit den Laliderer-wänden.

Endlich war das Brummen eines Flugzeugmotors zu vernehmen. Eine winzige Piper PA 18 Super Cub näherte sich, nun rasch in den Tiefflug übergehend, und Peter konnte den Piloten erkennen, wie er zum Seitenfenster herausblickte und die Wiese prüfte, ob wohl keine größeren Steine darin lägen. Peter strich wieder dem Kind über den Kopf, das jetzt ganz still geworden war und keinen Laut mehr von sich gab.

Der Pilot drehte noch eine Platzrunde und ging querab zur ausgewählten Landebahn. Peter konnte nun auch das Kennzeichen lesen, OE BID, und er fand, dass dies der schönste Schriftzug und das schönste Flugzeug war, das er in seinem Leben gesehen hatte. Der Pilot setzte die ersten Klappen, drehte anschließend in einen Queranflug und leitete die Kurve in einen Landeanflug aus. Kurz vor dem Aufsetzen stellte er die Landeklappen auf Vollanschlag, um eine kurze Landung zu gewährleisten, und schon hüpfte und sprang das Maschinchen über die Almwiese und kam zum Stehen. Peter nahm das kleine Mädchen in die Arme, sie hatte die Augen geschlossen und gab noch immer keinen Laut von sich, und rannte mit ihr zum Flugzeug, während der Pilot die Maschine händisch umdrehte und die Schnauze in Startrichtung stellte. Sie war nur zweisitzig, aber Peter fand sich, mit der kleinen, zarten Paula auf dem Schoß, in der Maschine sitzend wieder, und schon jagte der Pilot sie über die Wiese und konnte glücklich abheben und eine Schleife fliegen in die Richtung der untergehenden Sonne. Bald flogen sie über die Falkenhütte, von der sie hergekommen waren, und über den Kleinen Ahornboden, und endlich bewegte sich Paula. Sie hatte die Augen aufgemacht und betrachtete stumm die Spielzeughütte und die Spielzeugkühe und die Spielzeugwanderer, die zu ihnen heraufwinkten. Sie flogen weiter, und Peter zeigte ihr den Hochalmsattel, das Karwendelhaus und schließlich den Seefelder Sattel, und dann setzte man schon auf dem alten Flughafen Innsbruck auf. Der Rettungswagen stand bereit und brachte Vater und Tochter mit Blaulicht und Folgetonhorn in die Klinik.

    Hier konnte Peter nun nichts mehr ausrichten. Jemand fuhr ihn nach Hinterriss, und er stieg wieder in seinen Jeep und raste das lange Johannistal nun bergwärts, der Hütte entgegen, die voller Bergsteiger und Wanderer war, und der Wand entgegen, die sich so gigantisch hinter der Hütte auftürmte, dass Peter fand, dies sei nun eigentlich genug der seelischen Mühsal. Denn wenige Wochen vorher, am 18. Juli 1959, waren in der Wand Kletterer verunglückt, mit denen er befreundet gewesen war, oder mehr noch, die er behandelt hatte, als wären auch sie seine Kinder gewesen. Einer von ihnen, Gottfried Potisk, war dabei gestorben, und Peter lenkte seine Gedanken wieder zur kleinen Paula und fragte sich, ob wohl wenigstens sie überleben würde.

An jenem 18. Juli 1959, sagte Maria Kostenzer mehr als fünfzig Jahre später zu mir, waren alle Mitglieder der alpinen Gesellschaft Gipfelstürmer auf dem Weg zum Klettern in die Südtiroler Dolomiten. Im Autoradio hatten sie vom Sterben des Gottfried Potisk in der Laliderwand gehört, da drehten sie sofort um und fuhren in Richtung Karwendel …

    „Stimmt nicht ganz", sagte Walter Spitzenstätter, einer jener „Gipfelstürmer", einige Tage nach Marias Erzählung und eben fünfundfünfzig Jahre nach den Ereignissen. „Die Erinnerung ist nämlich trügerisch …" Und er zog an meinem Esstisch sein Tagebuch über die Bergrettungseinsätze hervor, auf dessen Seiten ich in gestochener Schrift und in beinahe völligem Mangel an Sprachmelodie den authentischen Hergang lesen konnte:

Am Samstagabend kamen Horst (Aufischer) und ich auf die Falkenhütte, wo wir mit den Kameraden, die bereits in der Früh herausgefahren waren, zusammentrafen. Gottfried und Heindl (Plattner) waren schon am Freitagabend da und wollten am Samstag die Direkte Laliderer-Nordwand machen.

„Eigentlich wollten wir alle gemeinsam einsteigen, so war es ausgemacht. Aber vielleicht hatte sie der Ehrgeiz gepackt, und sie wollten einen Tag vor uns die Route durchstiegen haben", sagte mir Walter an jenem Nachmittag des 26. März 2015 in meiner Wohnung in Wilten.

Und sein Bericht fuhr fort: *Wir waren also nicht wenig erstaunt, als die Kameraden uns sagten, dass Gottfried und Heindl biwakierten – das war schon sehr stark für diese guten Kletterer – sofort beschlich uns ein ungutes Gefühl.*

Sie stiegen ein. Walter „Spitz" Spitzenstätter mit Friedl „Putti" Purtscheller als erste Seilschaft, Robert Troier und Horst Aufischer gleich hinter ihnen. Am Ende der dritten Seillänge brach eine riesige Steinlawine über ihren Köpfen los. Sie befanden sich im überhängenden Wandteil, so konnte sie kein Stein treffen, und sie kletterten weiter. Ganz kurz, während dieses furchtbaren Donners, hatte „Spitz" etwas wie eine prophetische Vorahnung:

Wäre es möglich, dass auch ein Körper durch die Luft hier herabfallen könnte? ... So schrecklich dieser Gedanke auch sein mag, wäre es wohl nicht viel schlimmer gewesen als das Los, das Gottfried tatsächlich traf. Schon nach wenigen Minuten riefen uns Toni Braun und seine Kameraden vom Kar herauf, dass jemand um Hilfe rufe ...

Spitz und seine Gefährten hetzten die Wand hinauf, waren um ein Uhr mittags am Schluchtquergang und sahen Gottfried im Seil hängen. Bislang hatten sie ihn nur laut stöhnen gehört, unterbrochen vom Fallen einzelner Steine.

Ein zirka zwei Zentimeter großer Stein muss es gewesen sein, der Gottfried das todbringende Loch in die Schädeldecke schlug.

Zunächst legten wir Gottfried auf ein halbwegs ebenes Plätzchen und verbanden ihn richtig. Auf den Kopf stülpte ich ihm seine Zipfelmütze über, dass er den Verband durch seine Bewegungen nicht immer herunterscheuern konnte ...

„Ist es wahr", sagte ich zu Maria Kostenzer an jenem Märztag 2015, dass der kleine Fritz und deine Mutter dem Gottfried auf der Hütte, vor dem Gang zur Wand, die Zipfelmütze aufsetzten, wahrscheinlich mit Socken gestopft?"

„Ja, es ist wahr", sagte Maria. „Ich war ja noch klein, dreizehn Jahre alt, aber solche Dinge vergisst man nicht."

Ohne Debatte stellten sich Horst und Putti in selbstloser Kameradschaft zur Verfügung, beim sterbenden Gottfried zu bleiben, um ihm bei Regen und Sturm in dieser 800-Meter-Wand in seinem Todeskampf beizustehen, las ich an jenem 26. März 2015 in Walter Spitzenstätters Tagebuch.

Robert und ich nahmen nun Heindl in die Mitte und kletterten so schnell wie möglich zum Gipfel, wo wir bei eintretender Dunkelheit ankamen.

Dann versuchten sie, den armen Gottfried mit dem inzwischen heraufgetragenen Stahlseil aus der Wand zu retten. Aber der am Seil hinabgelassene Bergretter kam zu weit links und fuhr an Gottfried vorbei.

Inzwischen gingen einige Regengüsse nieder und es war Sonntag um 4h30 früh. Als nächster fuhr ich [Walter Spitzenstätter] bei Regen und Sturm mit dem Grammingersitz in den grausigen Abgrund … Als ich nahe genug herunten war, sah ich, dass alles umsonst gewesen war. Gottfried lag nur mehr allein auf seinem einsamen Platz, inmitten der riesigen Wand, an der er seine größte Leistung, die erste Alleinbegehung der Laliderverschneidung, vollbracht hatte. Gottfried war tot. Er starb um 3h früh im Schoß der Kameraden, die danach in Richtung Gipfel aufbrachen …

„Mein Bruder Fritz hat damals dem Gottfried Potisk seine Zipfelmütze geliehen", sagte Christine Kostenzer an jenem Tag mehr als fünfzig Jahre später, „an der er doch so sehr selber hing, und Tilly, unsere Mutter, sagte zu Gottfried, er solle sich wenigstens diese Mütze aufsetzen, als Schutz gegen den Steinschlag, wenn er schon sonst nichts Ähnliches besäße."

Also zog sich der fünfjährige Fritz seine heiß geliebte Zipfelmütze vom Kopf und reichte sie mit großen Augen dem Gottfried, weil er ihn gern hatte, so wie überhaupt alle auf der Hütte den Gottfried mochten, den immer fröhlichen, hilfsbereiten Gottfried, dem sogar die Tiere zuliefen, wenn sie seiner gewahr wurden, die Hunde und die Katzen und die Kühe und die Kälber. Alle mochten ihn, und vielleicht hat man auch deshalb von ihm so früh Abschied nehmen müssen, weil uns die Liebe, wenn sie denn uneigennützig ist, nur als ein Hauch im Leben streift.

Damals kannte man noch keine Steinschlaghelme, und als Schutz gegen den Steinschlag stopfte man sich Socken in den Hut oder die Zipfelmütze, und das genau war es, was auch Gottfried nun mit der Zipfelmütze vom kleinen Fritz gemacht hatte.

Nach Gottfrieds Tod und Paulas Unfall im siedenden Wasser war die Familie für ein halbes Jahr wie in Schockstarre. Aber Paula überlebte und kehrte gesundet heim. Als bleibende Erinnerung brachte sie große Narben mit, und wohl nicht nur auf der Haut. Aber sie hatte überlebt, und die Familie war wieder im Gleichgewicht.

Im Herbst 1960 war Tilly erneut schwanger, und der siebenjährige Fritz betete Abend für Abend inbrünstig, dass dieses Kind nun endlich ein Bruder würde. Aber im Mai 1961 stellte sich das Kind wieder als ein Mädchen heraus, die Nachzüglerin Christine. Fritz, nun als siebenjähriger Bub allein mit vier Schwestern, bemerkte trocken: „Schon wieder ein Weib!" (Er ist noch heute der Ansicht, durch seine vier Schwestern einen irreparablen psychischen Schaden ins Leben mitbekommen zu haben.) Von Christine, der Mitverursacherin, wird später noch die Rede sein.

Unweit der Fahnenstange vor der Hütte, dem einzigen Ort, an dem man die Hilfeschreie aus der Wand deutlicher hören kann, steht schon seit langer Zeit eine Art Obelisk mit einer Gedenk-

DIE HÜTTE, DIE WAND UND DIE ZWEI SEITEN DES LEBENS

Die Familie Kostenzer zu Beginn der Fünfzigerjahre: Maria, Mutter Tilly mit der kleinen Paula, Peter Kostenzer mit Tochter Monika an der Hand.

tafel an Gottfried und seit 1985 auch eine Tafel für Peter Kostenzer, den legendären Hüttenwirt. Die „Gipfelstürmer" kamen jedes Jahr zum Gedenken an Gottfried auf die Falkenhütte und gedachten seiner in Würde und tranken dann auf sein Wohl, genau so, wie es sich Gottfried gewünscht hätte, wäre er noch am Leben gewesen. Robert Troier, der die jüngste Hüttenwirtstochter noch auf dem Schoß gehalten hatte und dann vielleicht einige Jahre nicht mehr auf der Hütte gewesen war, zeigte zur Begrüßung auf die inzwischen zur jungen Frau erblühte Christine und rief quer über die Köpfe in der Gaststube: „Da isch sie, die Letze, die mi letztes Mal anbrunzt hat."

Peter Kostenzer lachte sich über solche Dinge schief, er, der bei den „gewöhnlichen" Wanderern immer etwas strengere Maßstäbe anzulegen pflegte: „Vom Küssen ist Abstand zu nehmen!", hatte er sich einmal vor einem Wandererpärchen mit in die Hüften gestemmten Händen in der Gaststube aufgebaut. Bei solchen Gelegenheiten bediente sich Peter des Hochdeutschen, aber uns Kletterern und Bergrettern verzieh er beinahe alles. Für uns gab es auch keine Hüttenruhe. Wenn schon die gesamte Hütte im Schlaf lag, waren wir noch immer am Küchentisch versammelt und tranken und rauchten und schmausten und waren lauter, als es die Alpenvereinsstatuten zuließen. Und als einmal einer der armen Wanderer sich beschwerte, der durch das hölzerne Schiebefenster unser Gelächter allzu sehr in der Gaststube hörte, in der er wie etwa zwanzig andere auf einer Luftmatratze schlief, reagierten die Alpinpolizisten, die ansonsten auch bei jeder furchtbaren Geschichte ihren Mann standen, indem sie in die Gaststube gingen und den armen Delinquenten die Stöpsel aus den Matratzen zogen. Da hörte man dann das Pfeifen der entweichenden Luft, und die Ärmsten mussten ihre Matratzen mit hochroten Gesichtern wieder aufblasen, denn seltsamerweise konnte auch niemand mehr den Blasebalg finden. Durch den hölzernen Schuber war fortan keine Beschwerde mehr zu vernehmen. Aber man verzieh uns unsere Sünden, und wir selbst verziehen sie uns auch, denn schließlich waren wir ja auch immer da, wenn Not am Mann war, zu den undenkbarsten Tages- und Nachtzeiten. Damals war es eine Ehrensache, als Extremkletterer zugleich auch Mitglied der Bergrettung zu sein.

An einem dieser Gedenktage für den armen Gottfried kam es den „Gipfelstürmern" in den Sinn, um zwei Uhr morgens den ansonsten strengen Peter Kostenzer aufzuwecken und sie riefen vor der Hütte: „Peter, noch ein Schnitzel, Peter, noch einen Liter Wein!" Peter machte das alles nichts aus, nur ein paar Wanderer murrten in ihren Schlaflagern, weil sie am Morgen zum Karwendelhaus oder zur Lamsenjochhütte gehen mussten, aber die „Gipfelstürmer" ließen sich nicht beirren und Peter stand auf und tat, worum sie ihn gebeten hatten. Aber Robert Troier, einer der allerbesten Kletterer, wollte sich noch unbedingt in der Kunst des Fensterlns bei den vier Töchtern beweisen, lehnte eine Leiter an die Schindelwand der Hütte und stieg hinauf. Er war heute vielleicht doch nicht mehr so ausbalanciert, wie er es im nüchternen Zustand zeitlebens als Kletterer blieb; die Leiter fiel um, und Robert bremste über das lärchene Schindeldach und die Schindelfassade herunter bis zum Boden. Dann trugen ihn seine Freunde in die Hütte und legten ihn auf den Küchentisch. Seine Bauchseite sah aus wie die eines lärchenen Stachelschweins, und die inzwischen erwachten Kostenzer-Töchter zogen ihm mit den Pinzetten aus dem Notfallkoffer die Lärchenschiefer aus dem Bauch und den Armen.

Wir waren gerade zur Gedenktour für Gottfried Potisk auf der Falkenhütte, schrieb Walter Spitzenstätter in sein Tourenbuch, *als wir hörten, dass in der Direkten Nordwand zwei Münchner biwakieren, weil einen von ihnen ein Stein getroffen hat. Die Verletzung sei leicht, denn am Sonntag früh setzten die beiden die Tour fort …*

DIE HÜTTE, DIE WAND UND DIE ZWEI SEITEN DES LEBENS

Die beiden Münchner waren also weitergestiegen, jedoch hatte am sogenannten Gelben Turm, einer der Schlüsselseillängen der „Direkten", einer der beiden an diesem Abend einen langen Sturz getan und sich dabei schwer verletzt. Daraufhin waren junge Kletterer der Alpenvereinsjungmannschaft um Walter Spitzenstätter bis zum Gelben Turm geklettert, hatten die gesamte Führe mit Fixseilen versehen und auch das Stahlseil mit heraufgezogen und dann zwei voneinander unabhängige Hakenkränze aufgebaut, um die beiden mitgebrachten Umlenkrollen einzuhängen. Der Schwerverletzte schrie sich die ganze Nacht in sein Sterben hinein, und Tilly Kostenzer hielt der sechsjährigen Christine die Ohren zu, damit sie endlich einschlafen konnte.

Lange vorher war Peter zum Schlag der Brieftauben geeilt, um eine Nachricht zum Landesgendarmeriekommando zu schicken. Die Brieftauben waren nämlich die einzige schnelle Verbindung zu den Rettungsstellen, um den Hubschrauber zu benachrichtigen. Ein Schlag befand sich eben auf der Falkenhütte und ein anderer am Landesgendarmeriekommando am Innrain in Innsbruck. Um die Brieftauben fit für den Einsatz zu halten, wurden sie alle sechs Wochen ausgetauscht, durften nicht zu bequem im Schlag sitzen und auch nur sehr sparsam gefüttert werden. Die schnellsten und klügsten Brieftauben flogen dann direkt über den Karwendel-Hauptkamm nach Innsbruck und brauchten dafür zwanzig Minuten, die langsameren flogen die Täler entlang über den Hochalmsattel und den Seefelder Sattel, sie brauchten bis zu einer Stunde.

Weil aber der kleinen Christine die Brieftauben leid taten, wie sie so hungrig und aneinandergedrängt auf ihrer Stange sitzen mussten, ging sie jeden Tag zum Schlag hinunter und fütterte sie heimlich. Und als nun das Hilferufen in der Wand begann und Peter der ersten Brieftaube die Kapsel mit der Nachricht an das Füßchen hängte und sie in die Luft warf, flog sie nur wenige Meter und ließ sich dann auf dem Giebel der Falkenhütte nieder. So verlief es auch mit der nächsten und der übernächsten Taube, und Peter, außer sich vor Aufregung, drehte ihnen die Hälse um und stürzte zu seinem Jeep, um nach Hinterriss zum nächsten Telefon zu rasen.

Schließlich waren die Bergretter alle am Wandfuß oder bereits in der Wand unterwegs, aber um neun Uhr morgens hörte das Schreien auf, das die ganze Nacht niemanden auf der Hütte hatte schlafen lassen, und das war gerade dann, als der Führende Kurt „Gagga" Schoißwohl als Erster zum Sterbenden kam …

Über die Umlenkrollen konnte man den Überlebenden zum Wandfuß abseilen, und nachmittags um halb fünf wurde er mit dem im Kar wartenden Hubschrauber in die Klinik geflogen. An diesem Tag war der legendäre Landeshauptmann Eduard Wallnöfer zu Gast auf der Hütte gewesen, und er war es dann auch, der umgehend ein starkes Funkgerät für die Hütte organisierte.

Den Traum, den Christine jahrzehntelang hatte und fast fünfzig Jahre später immer noch hat, schilderte sie mir anlässlich der Gespräche zu den damaligen Ereignissen:

„Ich war zuständig für jemanden, der links von der Herzogkante heruntergehängt, im Seil und kopfüber, und ich habe mit der Leiter hinübergehen müssen, um ihn zu retten, und die Leiter war ganz schwer zum Hinauftragen, aber ich habe sie hinaufgebracht zur Randspalte und an den Fels gelehnt, und entdeckt, dass sie zu kurz ist, um den Verletzten zu erreichen, der kopfüber im Fels gehangen ist. Damals hat es ja noch keinen Sitzgurt gegeben, und ich habe ihn gesehen und er mich, dann bin ich zurück zur Falkenhütte, um das etwa zwei Meter lange Zwischenstück für die Leiter zu holen, habe in der Hütte gesucht, bin einige Male um die Hütte gerannt. Gefunden habe ich es beim hinteren Eingang zwischen den Kohlen und den Gasflaschen und dem Holz, und das Zwischenstück war so leicht zu tragen, es war so ein unbeschreibliches Leichtmetall, nicht so schwer wie vorher die Riesenleiter, die schwere, die nichts

DIE HÜTTE, DIE WAND UND DIE ZWEI SEITEN DES LEBENS

Im August 1956 ging aus der Laliderwand ein großer Bergsturz nieder.

gebracht hat. Das Zwischenstück war so leicht, und ich hatte vorher so Angst, dass ich es nicht schaffen kann, und dann ist es so leicht hineingegangen in das Scharnier, und ich bin hinaufgestiegen zum Verletzten und habe ihm geholfen, dass er sich wieder aufrichten konnte in seinem Brustgurt und über meine Leiter absteigen konnte. Als er wieder herunten war, sagte ich zu ihm: Das tust du mir nicht noch einmal …"

„Es war eine tolle Zeit, und zugleich eine schwere Zeit", sagte Christine, eben fast fünfzig Jahre später und um fünf Uhr morgens in meiner Wohnung in Wilten. „Wir haben den Tod miterlebt und das Leben, wenn wir zuvor gefeiert haben, und danach haben wir getrauert. Das war zu dieser Zeit, als es fast nur Totbergungen gab, vor dem Erfinden der Kaper-Bergungen, und als die Leute in der Wand geschrien haben, die ganze Nacht, und die Tante gesagt hat: Jetzt schreien sie sich tot. Und mir meine Mutter die Ohren zugehalten hat, dass ich endlich einschlafen kann."

Walter Spitzenstätter war damals dabei, bei der Bergung in der „Direkten". Und als Spitz an jenem Märznachmittag 2015 bei uns war, um über die damaligen Bergungen zu erzählen, begann später in der Nacht Christine zu winseln und zu schreien. Ich weckte sie auf. Sie hatte denselben Traum gehabt wie damals.

„Es war eine große Bürde", sagte Christine im Morgengrauen an jenem 22. März 2015, nach den Gesprächen über diese Ereignisse, „aber auch eine große Freude, die Kapazunder dort oben zu haben, die allerbesten Kletterer. Da hast du auch dazugehört, Rudi. Wir waren mit euch allen verbunden in großer Liebe und Trauer und im Abscheu vor dem Wahnsinn, vor dem furchtbaren Streben, das ihr alle gehabt habt, es war ja furchtbar zum Zuschauen. Ihr tollen, athletischen Menschen, auf was ihr euch eingelassen habt, Rudi. Immer mit dem Tod gespielt. Alle eure Ängste und Sorgen habt ihr kompensiert, mitten aus dem bürgerlichen Leben heraus, und das haben alle meine Schwestern und mein Bruder gleich empfunden, und auch mein Vater, der hat es auch so empfunden.

Aber für mich stellt sich heute die Frage: Ist es besser, einem Extrembergsteiger beim Sterben in der Wand zuzuschauen oder ihn am Nanga Parbat zu vermissen oder zu sehen, wie es beim Hias Rebitsch war, wie er im Alter zunehmend vereinsamt und sich menschenscheu von der Gesellschaft zurückzieht? … Was ist da besser?"

Noch viele Jahre lang blieb das von Landeshauptmann Wallnöfer organisierte Funkgerät die einzige Fernmeldeverbindung nach außen, und meistens reservierten die Besucher einen Platz im Matratzenlager oder ein Bett telefonisch über den Bäcker in Hinterriss, bei dem Peter jeden Tag das Brot holte.

Als Peter an einem dieser unbeschreiblich schönen Herbstmorgen nach Hinterriss zum Bäcker Franz Griessenböck fuhr, um das Brot für die Hütte zu holen, sagte der Bäcker, dass heute ein gewisser Franz Beckenbauer angerufen hätte und auf die Hütte käme und gern ein Einzelzimmer reservieren würde. (Peter hatte von einem Franz Beckenbauer noch nie gehört, weil er selbst keinen Fernseher besaß und ansonsten nur bei den Nachbarn im Tal Boxkämpfe und Formel-1-Rennen sah.)

Peter fragte also: „Ist der beim Alpenverein?" (Denn nur Alpenvereinsmitglieder durften Zimmer reservieren.)

Franz Griessenböck antwortete wahrheitsgemäß, dass er das nicht wüsste. Peter packte das Brot in den Jeep und fuhr wieder zur Hütte hoch. Sie war bis auf den letzten Platz belegt, und fünfzehn oder zwanzig Berggeher hatten nur mehr ein Notlager auf Luftmatratzen in der Gaststube gefunden. Dort lagen sie dann bereits um halb zehn am Abend.

Um drei viertel zehn ging die Türe auf, und Franz Beckenbauer erschien. Höflich und bescheiden stellte er sich vor:

„Grüß Gott, Herr Wirt. Ich bin der Franz Beckenbauer. Für mich sollte ein Einzelzimmer reserviert sein …"

„Bist du beim Alpenverein?"

„Nein, leider nicht, Herr Wirt."

Peter sah ihn etwas mitleidig an, klopfte ihm dann auf die Schulter und sagte: „Ja, mein lieber Freund, Zimmerreservierungen gibt's nur für Alpenvereinsmitglieder. In diesem Fall musst du wie die anderen hier auf einer Luftmatratze schlafen."

Franz ließ seinen Blick über die auf dem Boden liegenden Schläfer schweifen.

„Na", sagte er dann ganz bescheiden. „Da geh ich wieda obi. Eine Taschenlampe hab ich ja dabei."

Peter musterte ihn prüfend. „Ja meinst scho, dass du des derpackst?"

„Ach, ich glaub schon", erwiderte Beckenbauer und lächelte dabei, bevor er sich auf den Weg ins Tal machte.

Wir alle waren damals ehrgeizig und spielten unsere Spielchen. Franz Oppurg und Arno Gasteiger gelang erstmals der Durchstieg zweier Wandrouten an einem Tag, und wiederum einige Jahre später gelang Heinz Zak und Peter Gschwentner der unglaubliche Durchstieg dreier Routen dieser Riesenwand an einem Tag. Mike Rutter wählte einmal als Umweg zurück in die Gaststube die Herzogkante und benötigte dafür im Alleingang nur zwei Stunden, von Hütte zu Hütte wohlgemerkt.

Im Jänner 1976 durchstieg ich mit Sepp Sint die bitterkalte HA-HE-Verschneidung, allerdings nur bis etwa zehn Meter unter dem Ausstieg. Hier scheiterten wir nach einem nächtlichen Wettersturz, denn am nächsten Tag versuchte ich einige Stunden lang, diese wenigen Meter zu bewältigen, währenddessen ständig kleine Schneebretter aus der Eisschlucht niedergingen, um endlich das Scheitern einzugestehen und mit meinem Gefährten den Rückzug anzutreten. Wir seilten uns über die tiefverschnei-

DIE HÜTTE, DIE WAND UND DIE ZWEI SEITEN DES LEBENS

Sepp Jöchler (am Steuer des VW-Käfers) war einer der ganz wenigen, die alle großen Karwendelrouten geklettert sind.

te Wand ab, schnallten am Einstieg unsere Skier an und schoben sie müde durch das dunkel werdende Laliderertal hinaus.

Sepp Jöchler hat sogar die „Charlie Chaplin" im Alleingang durchstiegen. Am Vorabend war er, zusammen mit den Wirtsleuten und dem prospektiven Partner M. (im innersten Kreis genannt Speibi), wieder länger in der Küche gesessen, als es unserem gemeinsamen Freund guttat. M. war zur Stunde des Aufbruchs an diesem Morgen wirklich krank und machte seinem Spitznamen alle Ehre, während Sepp sich die glatten Platten im oberen sechsten Schwierigkeitsgrad nun eben allein hochschob, mit nichts als einem Apfel im Rucksack.

Ein Jahr später war ich mit Thomas Bubendorfer im Pinnistal unterwegs gewesen, und er hatte mir ahnungslos anvertraut, dass er die „Charlie Chaplin" als Erster allein klettern wolle: für die Deutsche Kinderkrebshilfe unter Mildred Scheel, der Frau des damaligen deutschen Bundespräsidenten, also in Begleitung von Kamerateams und Hubschraubern und Reportern und mit Live-Übertragung in die wichtigsten deutschen Fernsehkanäle. Er war bass erstaunt, als ich ihm erzählte, dass Sepp dieses Solo bereits ein Jahr zuvor gemacht hatte, aber bescheiden und still und ohne Hubschrauber und Kamerateams, und Thomas ließ dann auch sein Vorhaben augenblicklich wieder fallen.

Ich stellte mir noch einmal vor, wie Sepp in die abweisenden Platten der „Charlie Chaplin" eingestiegen war und sich hochgeschoben und gezogen hatte, Hunderte Meter senkrechten Fels unter seinen Sohlen, ganz allein und ungesichert, in aller konzentrierten Stille und Bescheidenheit, und ich war froh, dass „unserer" Wand und „unserer" Hütte das Getöse und Spektakel einer Filmübertragung erspart geblieben war.

Und doch spielte sich das Spektakel auf dieser Hütte und in dieser Wand durchaus fast immer vor Zusehern ab, wenn auch nicht von den Massenmedien verbreitet. Als ich im Oktober 1974 mit Werner Morgenroth aus Nürnberg die Rebitsch-Verschneidung kletterte, stürzte hundertzwanzig Meter neben uns auf gleicher Wandhöhe in der „Direkten" ein deutscher Kletterer achtzig Meter ins Seil. Von unserem Standpunkt hinüberzuklettern war unmöglich, und so stieg in der darauffolgenden Nacht Reinhard Pickl, ein Freund von Werner Morgenroth, mit einem Innsbrucker Bergrettungsmann im Nachstieg im Licht der riesigen Scheinwerfer zu den Verletzten hoch, und die Aggregate der Scheinwerfer wummerten auf dem Spielissjoch die ganze Nacht, und die Scheinwerfer zauberten drei riesige gespenstische Lichtkegel in die Wand, überschattet und unterbrochen von spätherbstlichen Nebelfetzen. In dieser Nacht tat keiner von uns ein Auge zu, und natürlich überhaupt niemand auf der Hütte, und die Wanderer standen neben dem Fahnenmast auf dem kleinen Hügel neben der Hütte und verfolgten stumm das Manöver.

Ein anderes Mal landete der legendäre Rettungspilot Peter Strasser mit dem Hubschrauber des Innenministeriums neben der Hütte, weil in der Wand ein Kletterer mit beinahe abgerissenem Schenkel am Verbluten war, und wartete mit laufenden Rotoren darauf, dass ich mit meiner Ausrüstung einstieg, um den Unglücklichen zu bergen. Ich bahnte mir meinen Weg durch die Gasse der Gaffer, und einer packte mich sogar an der Schulter und hielt mich zurück, weil er genau wissen wollte, was ich jetzt vorhätte. Ich musste ihm die Faust unter die Nase halten, damit er mich losließ. Und Christine hörte einmal durch das offene Toilettenfenster, wie sich zwei Wanderer vor der Hütte unterhielten. „Letztes Jahr", sagte der eine, „hatte ich richtig Glück. Da ist ein Kletterer aus der Wand gefallen!"

Das war wohl mit der Grund, warum Peter, der Wirt, uns Kletterer und Bergretter bevorzugt behandelte und uns beinahe jeden Streich durchgehen ließ, während die Wanderer die Statuten des Alpenvereins recht rigide zu spüren bekamen.

Im Sommer 1985 gelang mir mit Mike Rutter eine Erstbegehung zwischen der „Direkten" und der „Auckenthaler". Wir waren über die Schlüsselseillängen gut höher gekommen und befanden uns im obersten Fünftel der Wand, als uns die Nacht einholte. Wie immer waren wir am Abend vorher nicht rechtzeitig ins Bett gekommen und daher erst um zehn Uhr vormittags eingestiegen. So saßen wir nun auf einem stuhlbreiten Band, die abgewinkelten Beine in den Abgrund gehängt, aber durchaus guten Mutes, und wohlweislich gut gesichert durch zwei Standhaken. Wir betrachteten die ersten Sterne und blickten die finstere Wand hinunter, über die wir hochgekommen waren, in die Schotterreisen und die Almwiesen und zur winzigen Hütte, deren Fenster den warmen Widerschein der Gaststube nach außen warfen. Später dann wurde das Stromaggregat abgeschaltet, und da wussten wir, dass es zehn Uhr war und die Nacht erst wirklich begann. Aber es war warm, eine wunderbare Augustnacht umhüllte uns und das Aggregat schwieg. In einer entfernten Schlucht verlor sich das Fallen eines Steins, und es war noch ein weit ferneres Rauschen in der Luft, wie es ja überhaupt auf einem Berg niemals ganz still ist, denn auch das Universum ist voller Töne.

Hinter dem Gamsjoch kam langsam der Morgen herauf, aber wir blieben sitzen, bis die Sonne ganz am Himmel stand. Wir reckten die Arme und streckten die Beine und machten uns zum Weiterklettern bereit. Heute war unser Tempo etwas langsamer, aber in einer knappen Stunde waren wir draußen, auf dem Grat. Wir blickten hinüber zu den Biwakschachteln: der alten aus Wellblech, die – einst von den Männern des Alpinen Klubs Karwendler aufgestellt – gebeutelt und verzogen von den jahrzehntelangen Stürmen noch immer tapfer aufrecht stand; und unweit daneben zu der neuen, von den Klubmitgliedern der „Gipfelstürmer" errichteten, die in leuchtendem Orange im steilen Schotterhang stand.

Und ich erinnerte mich an eine Begehung der „Auckenthaler", die ich, kaum achtzehnjährig, elf Jahre vorher mit Hannes

Wieser durchgeführt hatte, und wie wir in den letzten sechs oder sieben Seillängen bei Hagel, Regen und Sturm kaum gesichert hochgestiegen waren, weil es trotz des Risikos eben notwendig war, und wir ein Biwak wahrscheinlich nicht überlebt hätten. Ich erinnerte mich, wie ich bei fast völliger Dunkelheit den Grat erreichte und wir zur neuen Biwakschachtel rannten und uns in unserer Euphorie über diese sichere, warme Unterkunft eine halbe Stunde lang auf den warmen, trockenen Matratzen mit den Decken und den Polstern bewarfen, bevor wir in den behüteten Schlaf sanken, und wie wir am nächsten Morgen, beim ersten Blick durch die Bullaugen, feststellten, dass fast ein halber Meter Schnee gefallen war.

Aber an ebendiesem Tag, nach der Durchsteigung unserer Route, die wir „In einem anderen Land" nannten, war es richtig warm geworden, ein Hochsommertag. Praxmarkar, Lafatscher, Speckkar, Bettelwurf: Das ganze paradiesische Wildland lag unter uns und um uns, und das Glück in uns und die Schönheit um uns waren so unfassbar, dass ich gar nicht damit umgehen konnte, weil dies alles zu viel für mich war, und ich am liebsten, wie ein Kleinkind, Gipfel für Gipfel und Stein für Stein in den Mund genommen hätte, um herauszufinden, wie sie schmeckten.

Zur selben Stunde dieser unsagbaren Schönheit und des unsagbaren Glücks auf unserem Laliderergipfel tat Werner Haim, den ich seit meinem vierzehnten Lebensjahr kannte, eine Bergkette weiter einen verhängnisvollen Sturz. Sein Sohn war gerade Junioren-Skisprung-Weltmeister geworden und Weltcup-Sieger. Werner hatte aus Dankbarkeit dafür versprochen, einen metallenen Behälter für ein Wandbuch am Gamskar zu stiften. Als er damit hochkletterte, stürzte er mit dem Rücken darauf. Seit diesem Tag war er vom Hals abwärts und nach seiner Rehabilitation von den Armen abwärts gelähmt und saß im Rollstuhl. Werner, dieser einmalige Kamerad, den ein jeder mochte wegen seiner Hilfsbereitschaft und seiner menschlichen Größe, hatte im Laufe der Jahrzehnte so vielen verunglückten Bergsteigern als Berg- und Flugretter geholfen und ihr Leben gerettet, so vielen, dass sie wohl kaum mehr zu zählen waren, aber jetzt konnte ihm selber hier niemand mehr helfen.

Von den vielen Begebenheiten, die sich in dieser Wand zutrugen, soll zum Schluss unserer Geschichte diese eine noch geschildert werden. Zum einen, weil es sich dabei um die wahrscheinlich größte Bergrettungsaktion handelte, sie sich jemals in den Alpen abgespielt hatte, und zum anderen, weil sie ein Happy End hat.

Walter Spitzenstätter, der bei dieser Rettungsaktion wieder führend dabei war, schrieb in seinem Tagebuch:

Die zwei Bayern Hubert Wehrs (23) und Wolfgang Grunenberg (28) waren am Freitag, den 15. Juni 1979 in die Schmid/Krebs-Führe der Laliderer-Nordwand eingestiegen … Das Wetter war nicht gut und verschlechterte sich sogar zusätzlich mit ungeahnter Heftigkeit. Gegen Mittag regnete es, als sich die beiden auf einem Pfeilerkopf oberhalb der Krebsrisse (etwa in Wandmitte) befanden. Als der Regen in Schneefall überging, sahen sich die beiden nicht mehr in der Lage weiter zu klettern. Auch ein Rückzug wurde nicht gewagt. Die Hilfeschreie der beiden wurden auf der Falkenhütte gehört und die Gendarmerie in Seefeld von der Notlage verständigt. Der Gendarmerie-Postenkommandant von Seefeld Heinz Kneisl, selbst engagierter Bergrettungsmann, hat aufgrund der Schilderungen richtig erkannt: Das wird ein Großeinsatz …

Jahre vorher hatte der Bergretter Kurt Pittracher die Idee gehabt, mehrere achthundert Meter lange Stahlseile fabrizieren zu lassen. Bis dahin war es bei Wandbergungen immer zum Problem geworden, dass die Stahlseile in der Wand hängen geblieben waren, weil man sie mit runden Kupplungsstücken miteinander verbinden hatte müssen, und sich die Seile in dieser fast

DIE HÜTTE, DIE WAND UND DIE ZWEI SEITEN DES LEBENS

Werner Haim (hier am Ostpfeiler des Jirishanca) zog sich 1985 durch einen verhängnisvollen Sturz eine Querschnittslähmung zu, die ihn bis ans Lebensende an den Rollstuhl fesselte.

tausend Meter hohen Wand teils tief in den Felsen fraßen und genau an den Kupplungsstücken stecken blieben.

Diese völlig richtige Idee, längere Seile zum Einsatz zu bringen, fand jetzt ihre nutzbringende Anwendung, und man ließ den ersten Retter, Fritz Popella aus Scharnitz, über die Wand herunter. Aber er konnte weder Ruf- noch Sichtkontakt mit den Vermissten aufnehmen, und so wurde er mit Aufwinde wieder zurück auf den Gipfel gezogen. Den zweiten Versuch machte Otto Neuhauser aus Scharnitz. Er kam in einer Linie die Wand herunter, konnte aber im Schneesturm ebenso wenig auch nur das geringste Anzeichen der Vermissten erkennen. Am nächsten Tag, dem Samstag, gelang es den Bergrettungsmännern aus Innsbruck und Scharnitz, das Stahlseil zurück nach oben zu ziehen und einen neuen Versuch zu starten. Fredl Höpperger wurde nun im dritten Versuch durch die Wand abgeseilt.

Trotz versuchter neuer Routenführung war es auch diesmal nicht möglich, Kontakt mit den Vermissten aufzunehmen. Es herrschten unvorstellbar widrige Wetterbedingungen. Es hatte ununterbrochen geschneit, ständig rauschten Lawinen durch die Wand, verhüllten und verschluckten jedes Geräusch und gaben keinen Blick über einen größeren Umkreis frei. Das Schreien mit äußerster Anstrengung, um sich bemerkbar zu machen und eine Antwort zu erhalten, blieb im Getöse der Lawinen ohne Erwiderung. So wurde Fredl ganz zum Wandfuß abgeseilt, und man beendete den Bergeversuch am späten Samstagabend.

Nun war es nötig, die erschöpften Mannschaften auszutauschen. Die frisch Angekommenen, denen auch Walter Spitzenstätter angehörte, besprachen in Seefeld mit den zurückgekehrten Kameraden die Lage, bevor sie sich noch für eine kurze Rast auf die Pritschen des Polizeiarrestes in Seefeld niederlegten. Nachts um halb zwei fuhr man mit Geländefahrzeugen in Richtung Rossloch und stieg bei erhöhter Lawinengefahr in stundenlanger Mühsal zum Laliderergipfel hinauf.

Der nun folgende Versuch, das lange Stahlseil vom Einstieg wieder hochzuziehen, schlug fehl (das Stahlseil hängt noch heute in der Schmid/Krebs-Führe.) Allein der Gedanke an die unsägliche Mühe, die mit einem neuerlichen Transport eines achthundert Meter langen Stahlseils vom Rossloch bis zum Laliderwandgipfel verbunden war, ließ die Kameraden erschauern. Über Funk wurden die Kameraden im Tal angewiesen, das zweite achthundert Meter lange Stahlseil hochzutragen, während Walter am brüchigen Gipfelgrat, unter mehr als einem Meter Schnee, nach drei voneinander unabhängigen Formationen im Fels suchte, die sich für eine sichere Verankerung eigneten. Gegen halb sechs am Abend traf das Stahlseil auf dem Gipfel ein.

Als nächster fuhr Walter in die grausige Tiefe:

Endlich komme ich in die senkrechten Abbrüche. Große Eiszapfen muss ich abräumen. Ich halte mich östlich, weil meine Vorgänger wahrscheinlich zu westlich waren ... Ich kontrolliere meine Position per Höhenmesser und schreie, so laut ich kann, aber nichts ist zu hören ... Plötzlich sehe ich etwa fünfzig Meter westlich von mir etwas Rotes ... Zwischen den Lawinen verständigen wir uns. Ein Versuch, zwei Seillängen abzuseilen und dann zu mir herüber zu queren, scheint den beiden aussichtslos. Lieber verbringen sie noch eine Nacht in der Wand, mit der Aussicht, dass am nächsten (vierten) Tag ein allerletzter Rettungsversuch doch noch gelingen würde.

Per Funk informiert Walter die Kameraden am Gipfel. Zwar war auch dieser vierte Bergeversuch fehlgeschlagen, allerdings kannte man nun endlich die genaue Position der Vermissten.

Während Walter sich nun auf der Falkenhütte endlich mit trockener Kleidung und warmem Essen versorgen ließ, hatten die Kameraden am Gipfel ganz andere Sorgen: Sie bekamen das lange Stahlseil, das stark in den Fels eingefräst war und durch Vereisung blockiert, wieder nicht frei.

DIE HÜTTE, DIE WAND UND DIE ZWEI SEITEN DES LEBENS

Endlich am Wandfuß: Erstmals in der Geschichte der Bergrettung wurden vier Menschen zugleich an einem Stahlseil geborgen.

Am nächsten Morgen, dem Montag, machten wir Bergrettungsmänner aus Wattens und Hall uns auf den Weg, um das allerletzte achthundert Meter lange Stahlseil, das es im Alpenraum überhaupt noch gab, hinaufzutragen. Ein jeder von uns nahm einige Schlingen auf und hatte vielleicht fünfzehn Kilogramm zu tragen, zusätzlich zur eigenen Kletterausrüstung. Wir waren gut aufgelegt und frohen Mutes, der uns aber beinahe verging, als wir die Lawinensituation realisierten: Inzwischen lagen fast zwei Meter Neuschnee. Es wurde ziemlich still in der Gruppe, und nach etwa sechsstündigem Aufstieg waren auch wir am Gipfel angelangt, auf dem schon die gesamte Bergrettungselite Österreichs versammelt war: Horst Fankhauser, Klaus Hoi, Werner Sucher und all die alterfahrenen Legenden. Klaus Hoi und Werner Sucher wagten nun in diesem allerletzten Versuch das damals Undenkbare: Sie hängten sich zu zweit in das Stahlseil, das einen Durchmesser von nur sechs Millimetern aufwies. Sie hatten sich ein ausgeklügeltes System zurechtgelegt, mit dem sie in der Lage sein sollten, mitten in der Wand, vom Stahlseil aus, an einem mitgeführten Kletterseil von vierzig Metern Länge zu den Verletzten hinzuklettern, wenn sie neuerlich nicht die richtige Falllinie finden sollten.

Diese Technik musste jedoch nicht angewendet werden, weil vom Wandfuß aus Walter Spitzenstätter per Funk dieses Abstiegsmanöver dirigieren konnte. Und weil dieser Versuch der letztmögliche war und ein weiteres Stahlseil dieser Länge nicht mehr zur Verfügung stand, entschlossen sich Klaus und Werner, beide geretteten Kletterer an das gemeinsame Seil zu hängen und an diesen dünnen sechs Millimetern Stahl zu viert die ganze Wand hinunterzufahren.

Am Montag, den 18. Juni 1979, um etwa drei Uhr nachmittags wurden sie von der Bodenmannschaft der Bergrettung übernommen, wo sie vom Bergrettungsarzt Dr. Walter Phleps erstversorgt wurden. Vor allem der Kampf gegen den Bergetod, der nach dieser langen Extrembelastung der beiden jungen Bergsteiger besonders zu befürchten war, musste gewonnen werden. So brachte man sie per Akja zum Spielissjoch. Beinahe wäre es zu einer endgültigen Tragödie gekommen, als man sie dann auf den Unimog von Fritz Kostenzer lud, das einzige Fahrzeug, das bei dieser Schneelage noch zur Hütte hochfahren konnte. Denn Fritz kam mit seinem Fahrzeug bei diesen extremen Verhältnissen über den Weg hinaus und wäre beinahe einige hundert Meter abgestürzt, hätte er nicht geistesgegenwärtig und mit der ganzen Kraft seiner Jugend gegenlenken können.

Aber dann war man glücklich vor der Hütte angekommen.

Gleich rechts hinter der Eingangstür, wo die Postkarten hingen, war auch der Postkasten angebracht. Manchmal hatte man im Herbst vergessen, ihn zu leeren, worauf die Gäste hocherfreut waren, wenn die Post ein Dreivierteljahr später dann doch noch eintraf. Durch diese schmale Eingangstür in die Gaststube fädelte man jetzt die beiden Helden hinein und legte sie auf den großen Stammtisch hinter dem Kachelofen, und Maria Kostenzer eilte in den Keller, um mehrere Fleischerhaken zu bringen, an denen man sonst den Speck aufhängte. Vor lauter Aufregung erlitt sie bei ihrer Rückkehr einen Migräneanfall, worauf ihr Walter Phleps eine Beruhigungsspritze verabreichte, dann die Fleischerhaken in den Lampenschirm oberhalb des Stammtisches hängte und daran die Infusionsflaschen, um den beiden Helden die Infusionen anzustecken. Und während Ursula und Fritz Kostenzer nun anfingen, die durchnässten und ausgefrorenen Bergrettungsmänner mit heißen Getränken zu versorgen, lagen die beiden auf dem Stammtisch, wohin sie sich während der letzten vier Tage und drei Nächte sicherlich gesehnt hatten, und machten durchaus einen etwas wackeligen Eindruck. „Bringt's ma a Maß Bier", murmelte der eine das immer gleiche Mantra, und der andere: „A Brathendl wü i hob'n."

Die Lawine, das Land Tirol und der Buckingham Palast

Man muss als Bergsteiger nicht unbedingt ein Psychologe sein. Aber manches Mal hätte es doch nicht geschadet, ein kleines bisschen weniger Angst vor dem Nachdenken zu haben. In diesem Fall ging es um die „Gruppendynamik", ein beliebter Begriff, der sich ebenso wie das Wort „Seilschaft" zumindest gleich oft in Themenbereichen lesen lässt, die nichts mit dem Bergsteigen zu tun haben, etwa in politischen oder wirtschaftlichen Zusammenhängen. Im Fall der Gruppendynamik bedurfte es nur einiger weniger Komponenten, um an diesem Spätwintertag ein spannendes und überaus aufschlussreiches Gemenge zu mischen. Erstens war es der Besuch zweier britischer Bergsteiger, beide berühmt und beide Gefährten von mir. Zweitens war da unser alter Freund Andreas Braun, seinerseits niemals einem Bergabenteuer abhold, drittens ich selbst, viertens mein Ehrgeiz und fünftens fatalerweise die stärksten Schneefälle dieses jungen Jahres.

Andreas Braun war der Chef des Tiroler Fremdenverkehrsamtes, später genannt die Tirol Werbung, und daher auch oberster touristischer Botschafter des Landes. Selbst ein sehr guter Sportler, hatte er auch ein großes Herz für uns Bergsteiger, die wir, unterstützt von mancher Segnung, unsererseits bereitwillig Botschafter für unser Land spielten. Das galt in diesem Falle auch für die beiden Briten, Haudegen im echten Sinne, nämlich die Erstbegeher der Everest-Südwestwand im Jahre 1975.

So saßen wir alle vier im Wagen von Andreas und fuhren das Pitztal talein, talaus, während das dichte Schneetreiben nicht nachlassen wollte, und wir uns die Hälse ausrenkten auf der Suche nach einem gefrorenen Wasserfall, an dem wir unser Mütchen kühlen könnten. Schließlich landeten wir im Gasthaus „Zum Seppl", benannt nach seinem Gründer, dem alten Hüttenwirt und Bergführer Sepp Füruter. Mittag war schon vorbei, als wir ungeduldig in unseren Kaffeetassen rührten, auf unsere eigene, innere Entscheidung warteten (in Wahrheit die Entscheidung einer höheren Instanz, nämlich der erwähnten Gruppendynamik), und Sepp Füruter hinter seiner Bar mit scheelem Blick zu uns hersah und zu Recht uns der übelsten Absichten verdächtigte. Ich glaube, dass Sepp schon davon wusste, bevor wir es selber wussten. Aber dann saßen wir schon wieder im Wagen, Richtung talauswärts, und endlich erschien uns zur rechten Hand etwas, das wie ein kletterbarer Eiswasserfall aussah, wenngleich wir im Schneetreiben nur das unterste Drittel einsehen konnten. Aber schon waren die Gurte und Seile und Eispickel umgehängt, und wir stapften, ohne es zu ahnen, über die wattegleiche, knietiefe Schneedecke unserem eigenen Wahnsinn entgegen.

Zwischen einigen Almhütten hindurch war der Fuß des Eiswasserfalls schnell erreicht, und wir seilten uns an und bildeten zwei Seilschaften zu je zwei Mann. Doug Scott übernahm für seine Seilschaft die Führung, mit Tut Braithwaite als Partner, und dasselbe tat ich mit Andreas Braun. So kamen wir über die ersten, praktisch senkrechten Seillängen rasch höher, und während Tut seinen Partner sicherte und ich den meinen, kamen wir immer am Standplatz zusammen, und ich hatte Zeit, meine Gefährten zu beobachten und mir meine eigenen Gedanken zu machen. „Tut" verdankte seinen Spitznamen dem Umstand, dass er als junger Mensch gestottert hatte, was im Englischen wie „tut, tut, tut" klang.

DIE LAWINE, DAS LAND TIROL UND DER BUCKINGHAM PALAST

Britisch-tirolische Gruppendynamik: Rudolf Alexander „Rudi" Mayr mit Paul „Tut" Braithwaite (links) und Doug Scott (rechts).

Ich habe viele Jahre später erst herausgefunden, wie er wirklich hieß, nämlich Paul. Er war bekannt dafür, dass er im Jahre 1975 bei der berühmten britischen Everest-Expedition unter der Leitung von Chris Bonington zusammen mit Nick Eastcourt als Seilschaft das berüchtigte Gelbe Band, ein charakteristisches, senkrechtes Felsband in der Südwestwand des Everest auf achttausendzweihundert Metern Höhe, erklettert und mit Seilen versehen hatte. Erst dadurch war die erfolgreiche Durchsteigung der Wand bis zum Gipfel ermöglicht worden. Sie erfolgte durch Dougal Haston und Doug Scott, die bis zum Gipfel stiegen und beim Abstieg in die Nacht kamen und so als erste Seilschaft der Welt ein Biwak auf achttausendsiebenhundert Metern Höhe überstanden. Derselbe Doug befand sich jetzt etwa zehn Meter schräg über mir in der Senkrechten und hackte sich in Ruhe den gefrorenen Wasserfall hoch, während ich mich seiner Erzählungen Jahre vorher erinnerte, als er nämlich nach dem Everest von der britischen Königin geehrt worden war. Als ich ihn jetzt so beobachtete, fand ich es ziemlich lustig, mir vorzustellen, wie er, der ein Meter neunzig große Hüne, im Mini Cooper 850 vor dem Buckingham Palast vorgefahren war. Hier winkten ihn die Wachen durch, so hatte er uns erzählt, und er wurde vor den Palast gelotst und nach näherer Betrachtung zunächst zum palasteigenen Friseur gebracht. Geduldig ließ Doug geschehen, was offenbar geschehen musste, und betrachtete das Treiben um sich herum durch seine runde Nickelbrille, bis er schließlich, frisch geschniegelt, zum bevorstehenden Zeremoniell weitergereicht wurde. Als er anlässlich eines letzten Toilettenganges in den großen Spiegeln über den Waschbecken sein Gegenüber erblickte, erschrak er einen Moment.

„Doug, is that you?", fragte er sich. „Is that really you?"

„Definitely not!"

Er hielt seinen geschniegelten Kopf unter den Wasserhahn und drehte ihn auf. Dann zerstrubbelte er seine Kunstfrisur unter fließendem Wasser, trocknete sich mit dem Handtuch ab und erkannte sich endlich im Spiegel wieder. Seiner selbst wieder gewiss trat er nun vor das Komitee und die Königin, die ihm kaum bis zur Brust reichte, und ließ die Auszeichnung geschehen. Wahrscheinlich parkte er bald darauf seinen Mini Cooper vor dem nächsten Pub, in dem er sich endlich wieder zu Hause fühlte.

Wir vier waren nicht gerade langsam an unserem gefrorenen Wasserfall, jedoch erst am frühen Nachmittag eingestiegen und hatten außerdem die Länge oder besser Höhe des Eisfalls unterschätzt. Während wir nach einigen steilen Seillängen mehrmals damit rechneten, nach rechts oder links in die mit wenigen schütteren Bäumen bestandenen Steilhänge ausweichen zu können, stellten sich unsere Berechnungen stets als falsch heraus. Immer nämlich waren es senkrechte, glatte, schluchtartige Seitenwände, die ein Ausbüchsen verhinderten und uns zwangen, weiterhin dem Wasserfall zu folgen, der sich immer wieder zu senkrechten Aufschwüngen aufsteilte. So wurde es dämmrig. Wenig später war es dunkel, und wir holten unsere Stirnlampen aus den Rucksäcken. Endlich war der Wasserfall zu Ende, und wir entdeckten eine Möglichkeit nach rechts hinauszuqueren, wo uns schon recht einladend ein kleines Bäumchen erwartete, um das wir unsere Seile legen und uns abseilen konnten.

Während Doug und ich die Seile aufschossen und in die Nacht hinauswarfen, fiel mir die Geschichte ein, wie Doug sich, zwei Jahre nach dem Everest, beim Abseilen vom siebentausendzweihundert Meter hohen Ogre, einem äußerst schwierigen Berg in einem entfernten Winkel des Karakorum in Pakistan, beide Knöchel gebrochen hatte. Aber Doug schaffte es – auch mithilfe seiner Freunde – bis zum Wandfuß, und exakt drei Wochen später lag er auf dem OP-Tisch in London. Doug hat mir Jahre später einmal seine Knöchel gezeigt. Dabei bin ich zum Schluss gekommen, dass er damit keinen Schönheitswettbewerb mehr gewinnen würde.

Aber jetzt war es schön, zusammen mit den Freunden in die Nacht und das beginnende Schneetreiben hinein abzuseilen und zu wissen, dass wir bald in der Sicherheit des Tales und unseres Wagens landen würden. Die sogenannte Gruppendynamik mochte uns dahin gebracht haben, wo wir jetzt waren, aber sie brachte uns auch wieder heraus, wie es aussah. Denn wir bauten jetzt Abseilstelle um Abseilstelle, als hätten wir nie etwas anderes zusammen getan.

So fuhren wir nach Hause und kehrten noch irgendwo ein, um ein Bier oder zwei zu trinken, aber nicht mehr beim Sepp Füruter.

Ein Gewährsmann berichtete mir am übernächsten Tag, dass drei oder vier Stunden nach unserer Durchsteigung eine gewaltige Lawine über den Eiswasserfall herabgedonnert wäre und die Almhütten an seinem Fuß zu Kleinholz gemacht hätte. Da hätte der Sepp despektierlich angemerkt: „Und dort waren die Himalayatrottel unterwegs!" Die jahrhundertelange Existenz der Almhütten ließ darauf schließen, dass wir nicht als Einzige eine Fehleinschätzung eingegangen waren. Doch ließ ich es mir nicht nehmen, in den Wagen zu steigen und ins Pitztal zu fahren, um den Wahrheitsgehalt der Meldung zu überprüfen. Doug und Tut waren schon nach Hause gefahren, und Andi befand sich irgendwo auf der Welt auf einer Geschäftsreise. Ich fand den Wasserfall sofort wieder, denn dieses Mal war das Wetter schön. Ich parkte meinen Wagen und stieg zum Lawinenkegel hoch. Ich betrachtete die Balken der Hütten, die wie zersplitterte Zündhölzer aus dem betonharten Lawinenschnee ragten, und stumm die Bahn der Lawine, die geradewegs über unseren Eisfall geführt hatte, sehr stumm, denn wem in aller Welt, wem in Gottes Namen hätte ich mich jetzt auch anvertrauen können, selbst wenn ich nicht allein gewesen wäre.

Fitz Roy

Ermanno Salvaterra, der große italienische Patagonienbergsteiger, der auch die erste Winterbesteigung des Cerro Torre gemeistert hat, lieh uns einmal in einer mehr als großzügigen Geste sein Sturmzelt, das eigens und exakt für einen winzigen Biwakplatz unterhalb der Brecha de los Italianos geschneidert worden war, sowie seine eigenen Tourenski und die seiner Gefährtin. Dies trug wesentlich dazu bei, den Einstieg des Berges in einer relativ kurzen Zeit zu erreichen und etwa tausend Meter weiter oben eine entspannte, geschützte Nacht zu verbringen.

Bis zum heutigen Tage hat mir niemand überzeugend erklären können, worin der Sinn des Bergsteigens liegt, aber eines hatte ich damals schon lange begriffen: Bergsteiger sind, wie in einem geheimen Orden, mit unsichtbaren Fäden verbunden und bleiben es ein Leben lang, ganz gleich, ob und wann sich die Wege teilen. Zu den ungeschriebenen Gesetzen dieses seltsamen Ordens gehörte auch, dass man sich gegenseitig Unterkunft gewährte, in einem jeweils fremden Land, weil, mit wenigen Ausnahmen, fast alle Mitglieder dieses Ordens mittellos waren.

Einige Male waren Doug Scott (der Erstbegeher der Everest-Südwestwand und der Shisha-Pangma-Südwand) und Tut Braithwaite bei mir zu Gast gewesen, die beiden britischen Bergsteigerlegenden, und ein anderes Mal ein Mexikaner, der klein gewachsen, zäh und leicht war, aber während der Klettertouren der folgenden Tage dadurch auffiel, dass er sich am Standplatz niemals eine Selbstsicherung baute und mich, mitten in der Wand, ganz einfach nur über die Schulter sicherte. Das war mir dann auf die Dauer doch etwas zu viel, vor allem in den Kalkkögeln, wo verlässliche Zwischensicherungen so rar sind wie fester Fels, und ich atmete innerlich erleichtert auf, als dieser Freibeuter der losen Griffe nach einigen Tagen mit unbekanntem Ziel weiterzog.

Damals arbeitete ich für einige Tage in der Woche im Alpenverein, als dort eines Morgens die Türe aufging und ein bärtiger, beim Näherkommen etwas streng riechender Brite auftauchte und sich als Freund von Doug Scott ausgab. Natürlich nahm ich ihn in meiner großen Dachwohnung auf, die nur den Nachteil hatte, dass sie praktisch nur aus einem einzigen Raum und einem getrennten Bad bestand, ansonsten waren die Abtrennungen nur optischer Natur. Nach einigen Tagen stellte sich heraus, dass mein frisch zugelaufener Gefährte so gar nichts von körperlichen Erfrischungen hielt, was seinen ersten olfaktorischen Eindruck bestätigte, und unter der Aufbietung meines ganzen österreichischen Charmes (mein Großvater war Burgwächter von Kaiser Franz Joseph in Wien gewesen) schaffte ich das mediatorische Kunststück, ihn bei Franz Ofner auf der Bettelwurfhütte als Wegmacher unterzubringen, lüftete meine Wohnung einen halben Tag durch und war in meinen eigenen vier Wänden wieder glücklich allein. Auch Franz Ofner als Hüttenwirt war glücklich, stellte sich doch der britische Neuerwerb als fleißiger Wegmacher heraus. Allerdings nur so lange, bis seine Reisekasse wieder gefüllt war, wie sich Tage später zeigen sollte.

Eines Morgens nämlich, als ich zum Parkplatz meiner Wohnung in Völs ging und den Wagen aufsperrte, schlug mir eine unbeschreibliche Wolke an Duftstoffen, darunter auch Zigarettengeruch, aus dem Inneren des Wagens entgegen. Das Auto war neu, und ich hatte noch nie darin geraucht, deshalb war ich nun doch einigermaßen erstaunt, umso mehr, als ich den Wagen startete und bemerkte, dass sich nur mehr ganz wenig Treibstoff im Tank befand. Dabei hatte ich am Abend vorher noch vollgetankt. Dafür war nun der Aschenbecher voll mit Zigarettenkippen. Ich ging um den Wagen herum und inspizierte wohl auch den Unterboden. Es war kein Schaden zu sehen. Auch keine versteckte Bombe. Also beschloss ich, nach Kematen zu fahren und bei der Gendarmerie Anzeige gegen Unbekannt zu erstatten. Ich fuhr auf dem Parkplatz vor, und schon vermeinte ich, einige interessierte Beamtengesichter hinter den Fenstern zu sehen. Frohen Mutes betrat ich das Wachzimmer. „Ich bin der Besitzer dieses Wagens", sagte ich und wies mit dem Kinn zum Fenster hinaus.

„Ha, haben wir dich endlich erwischt!", entgegnete der Beamte. Ich habe diese Fraternisierung in Form des Duzens auf dem Lande noch nie sehr gemocht. Mein Gesichtsausdruck verfinsterte sich daher ziemlich, was den Beamten dazu bewogen haben musste, wieder die Sie-Form der Anrede zu gebrauchen, denn nun setzte er hinzu: „Wir haben Sie die halbe Nacht verfolgt. Sie sind mit überhöhter Geschwindigkeit durch mehrere Dörfer gefahren und haben zwei Polizeisperren durchbrochen, beziehungsweise über den Gehsteig umfahren."

Auf diese Anschuldigung hin musste mein Gesicht einen etwas konsternierten Ausdruck angenommen haben. Dann fiel es mir wie Schuppen von den Augen. Mein britischer Gast hatte offensichtlich die Bettelwurfhütte verlassen, die Hauseingangstüre geöffnet (der Schlüssel lag ja bekanntermaßen unter dem Fußabstreifer) und dann die Wohnungstüre (der Schlüssel lag auf der Lampe daneben), hatte die Reserve-Wagenschlüssel an sich genommen (die wie immer an der Pinnwand über meinem Schreibtisch hingen) und eine nächtliche Spritzfahrt unternommen. Die Beamten lauschten meinen Erklärungen und glaubten mir endlich, dass ich die Wahrheit sagte. Ich fuhr mit dem Wagen zur Arbeit.

Zweimal die Polizeisperre über den Gehsteig in rasender Geschwindigkeit zu umfahren, das war keine schlechte Leistung, fand ich, und dass kein Rad beschädigt war, und die Lenkung keinen Schlag hatte und das Auto überhaupt unversehrt war, bewies mir, dass mein Gast wahrscheinlich ein besserer Autofahrer als Bergsteiger war. Im Büro angekommen, rief ich umgehend Doug Scott im Lake District an und sagte ihm den Namen des Gastes, der sich als sein Freund und Kletterpartner ausgegeben hatte.

„Nie gehört, diesen Namen", sagte Doug ins Telefon. „Sicher kein Bergsteiger!"

Ich habe von meinem Übernachtungsgast nie mehr etwas gehört, noch gesehen oder gerochen. Nun, beim Anstieg zum Fitz Roy, dachte ich mir, dass er wirklich kein Bergsteiger gewesen war, sondern nur ein Trittbrettfahrer.

Ich spurte durch den Pulverschnee und dachte voller Dankbarkeit an Ermanno, der im Basislager wartete, uns seine Skier und sein Zelt geliehen hatte und seinerseits auf den Gipfel verzichtete. Warum er verzichtete, hatten wir einige Tage vorher erfahren, am Fuß des Berges, wo jeder von uns in einer winzigen Blockhütte wohnte. Ich empfand die Exotik dieses seltsamen Landes so, wie sie Frodo im Elbenland empfunden haben musste, wenn es dieses Land je gegeben hätte. Es fehlte nur noch, dass ein Höhlenbär oder Säbelzahntiger oder ein Dinosaurier um das nächste Eck gebogen wäre.

Eines Abends schilderte Ermanno die Gründe für seinen Verzicht, während das Feuer prasselte und die Schatten in der Scharfkantigkeit seines Gesichts noch verstärkte. Auch in der kaum zu unterbietenden Wortkargheit war er ein klassischer Vertreter unseres Ordens, denn er war dazu übergegangen, die Ereignisse dreier Wochen in zwei Minuten zusammenzufassen:

„Wir warteten hier im Basislager zwei Wochen lang. Endlich klarte es auf. Sofort brachen wir auf. Durch tiefen Schnee erreichten wir nach zehn Stunden den Fuß der Wand. Innerhalb von wenigen Minuten brach ein heftiger Sturm los. Ich schlug zwei Haken in einen Riss, und wir fixierten die gesamte Ausrüstung an ihnen, um nicht die schwere Last beim nächsten Versuch wieder heraufschleppen zu müssen. Dann fuhren wir mit den Skiern wieder zum Basislager ab. Wir warteten wieder eine Woche, bevor es aufklarte. Wiederum stiegen wir sofort auf. Und wiederum erreichten wir nach zehn Stunden dieselbe Stelle am Einstieg der Wand. Das Wetter war nun endlich klar und wir hätten einsteigen können. Doch unsere Ausrüstung fehlte. Auch die zwei Felshaken fehlten. Es war nichts mehr da."

Ich fragte: „Ist es der Sturm gewesen?"

Ermanno zuckte mit den Schultern: „Was sonst?"

„Wie kann ein Sturm so stark sein", fragte Robert, mein Partner, „dass er zwei Felshaken ausreißt samt dazu gehöriger Ausrüstung?"

Ermanno sah ihn kurz über das Feuer an, und ich vermeinte, einen spöttischen Ausdruck in seinem Gesicht wahrgenommen zu haben.

„Ich habe hier Stürme erlebt", sagte Ermanno, „die Steine mit sich führten."

„Steine?", fragte Robert.

„Steine", bekräftigte Ermanno. „Steine von der Seite und manchmal auch von unten nach oben!"

Wir waren nun endlich an derselben Stelle angekommen, an der Ermanno vor einigen Wochen seine Ausrüstung durch den Sturm verloren hatte, und fixierten unsere Skier, die Stöcke und einen Rest von überflüssiger, zum Klettern nicht notwendiger Ausrüstung ebenfalls an zwei Felshaken. Wir stiegen an der Seite des Einstiegscouloirs, durch das in regelmäßigen Abständen Lawinen herunterschossen, zügig und seilfrei höher und erreichten am Abend den Biwakplatz unterhalb der Brecha de los Italianos, den uns unser uneigennütziger Gefährte so genau bezeichnet hatte. Er lag sehr versteckt an der windabgewandten Seite des Grates, und wirklich passte das von Ermanno geliehene Zelt auf den Zentimeter genau auf diese schmale Plattform. Das Dach des Steilwandzeltes fixierten wir mit zwei Felshaken in der etwas überhängenden Wand, und den Boden des Zeltes befestigten wir an den Ecken an Eisschrauben, die wir in den eisigen Boden trieben. Von jenseits des Grates war das tiefe Dröhnen des Sturmes zu vernehmen.

Wir schoben unsere Matten in das Zelt, das weniger als einen Meter breit war. Natürlich konnten wir in einer solchen Enge nicht Schulter an Schulter schlafen, denn wir waren beide ziemlich breit gebaut. Wir mussten gegengleich mit den Füßen zum Kopf des Partners liegen. Ich hängte aus alter Gewohnheit meinen Höhenmesser in den First des Zeltes, um ebenso aus Gewohnheit zu beobachten, ob sich der Luftdruck veränderte. Robert bereitete eine Erbswurstsuppe zu, und bald lagen wir, aufgestützt auf einem Ellenbogen, im Zelt und tranken die wunderbar wärmende Suppe, während ihr Dampf sich am Nylon des Daches niederschlug und zu Eis gefror. Danach rauchten wir noch gemeinsam eine Zigarette, nur eine, und zogen abwechselnd und andächtig daran, und bei jedem Zug leuchtete die Glut im Dunkel auf wie ein großes, verirrtes Glühwürmchen. Dann bat mich Robert, mit ihm den Schlafplatz zu tauschen, weil ihn ein spitzer Stein genau in die Hinterbacke piekste. Ich erfüllte ihm den Wunsch, und wirklich piekste der Stein nur zwischen meinen Oberschenkeln, weil ich etwas kleiner als Robi war. Außerhalb des Zelts knisterten Eiskristalle, und der Wind fegte sie in den tausend Meter tiefen Abgrund nach unten. „Danke!", sagte Robi noch einmal in die wehende Stille hinein, dann war ich auch schon eingeschlafen und glitt hinüber in einen seltsamen Traum:

Ist es nicht eigenartig, wie klein die Welt ist? Ich, der ich dich liebe, lebe im Nachbarland von deinem, und dein Land grenzt an das der Inuit, wo ich herkomme, und der Kreis ist wieder geschlossen. Du beugst dich über mich und küsst mich, wieder und wieder, und in dieser Geborgenheit ist es also nicht verwunderlich, dass der Bär mich nicht erschreckt. Plötzlich steht er da, weiß und groß, und wartet auf mich. Ich gehe auf ihn zu, die Angst macht mich ruhig. Ich stehe vor ihm, ich sehe das Bedauern in seinen Augen. Er ist ich und ich bin er. Ruhig warte ich. Fast vorsichtig, wie aus Angst, etwas zu zerbrechen, holt er aus, um mich zu töten, wieder die stumme Trauer in seinen Augen, er kann nicht weinen. Langsam und schwer dreht er sich um. Weit draußen zwischen den Eisblöcken ist er nur mehr ein Punkt. Er wird der Einsamkeit nicht entkommen.

Als ich erwachte, hörte ich noch immer das verhaltene Fegen der Eiskristalle und den gleichmäßigen Atem meines Gefährten. Eine Weile lag ich mit geschlossenen Augen da und versuchte, aus anderen, in das Zelt dringenden Geräuschen abzuleiten, wie das Wetter des beginnenden Tages wohl war. Dann schlug ich mit leisem Bangen die Augen auf. Die Nadel des Höhenmessers hatte sich nicht bewegt.

Vorsichtig öffnete ich den Reißverschluss des Zeltes bis zum Boden, und es war so, wie ich geahnt hatte: Das rote Dreieck der Zeltumrandung umrahmte einen makellos blauen Himmel, unter dem der tischgroße Platz vor dem Zelt in das Gletscherbecken hinabfiel, wo ein goldgelbes Schimmern begann, die blauen Schatten der Nacht zu vertreiben.

Wortlos frühstückten wir: Tee und Hartwurst und das selbstgebackene Brot. Wenig später stiegen wir die nun goldgelbe Eisflanke hoch bis zum Grat, an dem uns der Sturm wie ein Raubtier ansprang. Wir folgten dem Eisrücken bis zum höchsten Punkt der Brecha de los Italianos und konnten nun die Einzel-

FITZ ROY

Robert Pfurtscheller im Basislager (unten) am Lago Des los Tres und im Zustieg zum Fitz Roy (oben). Links im Bild die Aiguille Poincenot.

FITZ ROY

Beim Blick nach oben kann man durchaus kalte Finger bekommen: Robert beim Biwakplatz am Wandfuß (unten) und beim Klettern in der Wand.

heiten unserer Route besser erkennen. Sie sah abweisend aus, die Risse waren voller Eis, und der ständige Wind hatte Schneepilze in die Wand geklebt.

Wir würden nun zehn Stunden in dieser senkrechten Wand klettern, ständig vom Fels in das Eis wechseln und wieder zurück, ständig dem Wind ausgesetzt sein, und dabei keine zehn Sätze austauschen.

Am Ausstieg entledigten wir uns der Ausrüstung, banden sie an einen selbst geschlagenen Felshaken und stiegen die letzten Meter über unschwierige Eisflächen zum Gipfel hoch. Es war acht Uhr abends.

Robi stand neben mir und hatte wie bei einem Hochamt die Arme verschränkt und den Kopf gesenkt. Die rasch müder werdende Sonne sandte den Schatten unseres Berges als spitzen Kegel weit in die hügelige Pampa hinaus, die mehr als zweitausend Meter unter uns lag. Hier heroben standen wir, und zugleich standen wir weit draußen in der Pampa – und wenn man nur genau genug hinsah, war ein Zug von müden alten Dinosauriern, Säbelzahntigern und Höhlenbären auszumachen, die mit weltabgewandten Gesichtern der Dunkelheit entgegengingen.

Santiago

Über die Motive des Reisens ist schon fast so viel geschrieben worden wie über das Reisen selbst. Was suchen wir wirklich, wenn wir auf Reisen gehen? Müssen wir uns manches Mal eingestehen, dass wir nichts anderes getan haben, als die Zeit totzuschlagen? Von manchen Schiffsreisenden, die in einem Luxuspott um die halbe Welt geschippert sind, erfährt man einzig, dass das Kapitänsdinner einmalig war, während man, seltener zwar, von anderen die halbe Welt erfährt, während sie doch nur einige Nachmittage auf einer Bank unter einem allein stehenden Baum gesessen sind. In den wenigsten Fällen wird man gefunden haben, wonach man gesucht hat, sondern womöglich das genaue Gegenteil von alldem, und das erweist sich manchmal als gewichtiger als das, was wir zu finden begehrten.

Ich war nach Chile aufgebrochen, weil ich mir im Süden dieses Landes die Wildheit und Schönheit der Landschaft und ihre Einsamkeit erwandern wollte.

Für diese Reise hatte mir mein Kletterpartner Hans die Adresse eines Ehepaares in Santiago anvertraut, und dorthin war ich nun mit dem Bus unterwegs, von Mendoza in Argentinien über Puente del Inca zur Staatsgrenze und auf der anderen Seite der Anden wieder talwärts, und ich erinnerte mich im Bus an die Erzählungen von Hans, wonach genau auf dieser Strecke mein künftiger Quartiergeber Max seine Frau Martha kennengelernt hatte, nur kurze Zeit bevor sie zur Schönheitskönigin ernannt worden war und als Preis einen Volkswagen gewonnen hatte. Das alles war mir bekannt, während sich der Bus auf der schmalen Straße nach unten wand, und ich durch die verdreckten Scheiben nach draußen blickte, auf die vorbeiziehenden Olivenhaine und damit auf genau die Orte, an denen Jahre später die chilenische Geschichte meines künftigen Freundes enden sollte.

Vom Busbahnhof in Santiago nahm ich mir ein Taxi, um zu dem Vorort zu gelangen, in dem ich Max mit seiner Familie kennenlernen würde, und genauso sollte ich bald auf dieser Taxifahrt die unangenehmen Seiten einer Militärdiktatur kennenlernen, denn zu dieser Zeit war Augusto Pinochet derjenige, der das Sagen im Lande hatte.

Es war bereits dunkel, als ich mit dem freundlichen Taxifahrer schon stundenlang um das fragliche Viertel gekreist war, einem herrenlosen Satelliten gleich, ohne jedoch wirklich fündig zu werden. Das heißt, dass wir die Gasse, in der Max und Martha wohnten, zwar gefunden hatten, jedoch nur ihren Anfang. In der Mitte war die Gasse plötzlich zu Ende und hatte einen anderen Namen mit Hausnummern, die nicht einmal in die Nähe der ersehnten Adresse führen konnten. Aber alle hundertfünfzig Meter in etwa war ein Militärposten aufgestellt. Er bestand aus einem Nest von Maschinengewehren nebst dazugehörigem Bedienungspersonal, verborgen hinter mannshohen Sandsäcken und Stacheldraht. Ich bat den überaus hilfsbereiten und ob des Misserfolgs bei der Suche verzweifelten Taxifahrer, vor einem solchen Sandsack- und Stacheldrahtverbau anzuhalten, denn der Beginn der Gasse, die in der Mitte endete, war genau gegenüber gelegen.

So näherte ich mich respektvoll dem Maschinengewehrschützen und fragte nach dem Verlauf der Gasse. Nun sind Chilenen schon von Natur aus nicht sehr groß gewachsen, und dieser da erschien mir noch kleiner, als es die Regel war. Vielleicht verstärkte auch die Camouflage seines Sturmanzugs seinen Minderwuchs, der durch den deutschen Stahlhelm, den er trug, noch unterstrichen wurde, was ihm insgesamt die Gestalt eines zu klein geratenen Steinpilzes verlieh. Nach meiner Frage drehte er sich prompt und ostentativ um und schaute in die andere Richtung. Dies war die erste Begegnung mit einem Vertreter einer Militärdiktatur in meinem Leben, und ich kann nicht sagen, dass es mir sehr gefiel, was ich da erlebte. Im Gegenteil, ich fühlte ein heftiges Verlangen, den Zwerg aus seinem Verschlag herauszuheben, um ihm meine Frage noch einmal zu stellen. Doch es siegte die Vernunft, und ich kehrte zum Taxi zurück.

Der Fahrer schien vom Befragten nichts anderes erwartet zu haben, erwies sich aber als treue, solidarische Seele, die sich schließlich von Haus zu Haus durchfragte, bis wir endlich, nicht lange vor Mitternacht, beim Haus von Max angelangt waren. Es war ein kleines Häuschen, umgeben von einem ebenso schmalen, kleinen Gärtchen, aber sehr hohen, weiß gestrichenen Metallgittern, wie ich am nächsten Morgen feststellte. Auf meine fragende Miene hin erklärte mir Max, dass dies das Viertel des Mittelstandes war und man sich hier strengstens gegen Kriminalität und eventuelle Entführungen abschirmte.

Denn bei den ganz Armen, die in Hütten ungeschützt hausten, sei kein Geld zu holen, ebenso wenig bei den Superreichen, die hinter Wachtürmen und Elektrozäunen mit ihren Leibwächtern und Hunden ihr Leben verbrachten.

Ein ebenso typisches Merkmal dieses Mittelstandes war das seltsame Fehlen von Waschmaschinen, wie ich in den nächsten Tagen feststellte. Waschmaschinen seien, so erklärte mir Max, das entlarvende Merkmal von weniger privilegierten Familien. Diese erkenne man daran, dass sie sich kein Hausmädchen leisten können. Die Rechnung war also ganz einfach: kein Dienstmädchen ist gleich kein gesellschaftliches Ansehen.

So begannen also meine soziologischen Studien in der Hauptstadt Chiles und sie führten bald zur Erkenntnis, dass vier Meter hohe Metallstäbe zwar die Außenwelt abhielten, doch zur gleichen Zeit die eigene Welt einsperrten. Richtig sichtbar wurde dies an den Kindern des Viertels, die wahrscheinlich gerade Weihnachtsferien hatten und den ganzen Tag hinter den Gittern in ihren winzigen Gärten saßen. Aber nur bis sechs Uhr abends. Dann öffneten sich auf einen Schlag elektrisch die riesigen Tore, ganz ähnlich wie man es von amerikanischen Kriminalfilmen kennt, und im gleichen Augenblick waren die Kinder schon in der Gasse, wohl vorbereitet und fast wie militärisch gedrillt auf die kommende freie Stunde des Spielens. Einige zogen in erstaunlicher Routine ihre Kreidestriche, während andere in Windeseile Gummibänder austeilten. In kürzester Zeit war die Gasse voller tempelhüpfender und gummitwistender Kinder. Um Punkt sieben Uhr abends war das Spektakel vorüber, die unerbittlichen Gittertore schlossen sich wieder elektrisch, und die Kinder lugten mit gelassener Traurigkeit zwischen den Gitterstäben hervor.

Ich selbst hatte mit meiner Gastfamilie und ihren drei Kindern den Heiligabend verbracht und hätte nun eigentlich in den Süden Chiles weiterreisen wollen, wie es der Plan vorgesehen hatte. Aber Max, der schon barfuß die Sahara durchquert hatte und so ziemlich jeden Winkel in Südamerika kannte, fesselte mich jeden Abend durch seine Erzählungen, die teilweise so unglaublich waren und zugleich so fundiert, dass ich meine Abreise nur zu gern von einem Tag auf den nächsten verschob.

Max, einer der sprachgewaltigsten Menschen, die mir im Leben begegneten, war, wie ich bald herausfand, nach so vielen Jahren in der Fremde derart nach seiner Muttersprache ausgehungert, dass er jetzt nicht genug bekommen konnte von ihr, und ich schließlich meine ursprünglichen Pläne nur allzu gern dem Stillen dieses Hungers opferte und mich als williger Zuhörer anbot, ohne dabei wirklich etwas im Leben zu versäumen. Im Gegenteil, die Tage waren ausgefüllt mit Stadtführungen im Zentrum von Santiago, wohin wir mit dem Volkswagen von Martha tuckerten, und die Abende kurzweilig, wenn Martha für uns kochte und wir mit den Kindern am Küchentisch saßen und Max seine Abenteuergeschichten erzählte. Nach einigen Besichtigungstouren fiel mir auf, dass man hier selten jemanden lachen sah. Die Chilenen erschienen mir als zurückhaltendes, trauriges Volk, aber Max hatte auch dafür eine Erklärung. Das Land sei seit Urzeiten von den umgebenden Zivilisationen abgekapselt gewesen: im Osten die sperrige Kette der Anden, im Süden das unwirtliche Patagonien, im Westen, im Pazifik, der eiskalte Humboldtstrom, der vom Südpol kam, und im Norden die knochentrockene Atacamawüste. Dies alles habe verhindert, dass sich die Chilenen in ihrer Geschichte mit Einwanderern vermischten und ähnlich wie die Argentinier oder die Brasilianer ein lebensfrohes, buntes Völkchen wurden, das sich mit Geselligkeit, Musik und Tanz und gutem Essen durchs Leben brachte.

So waren die Weihnachtstage vergangen, und mit dem neuen Jahr bekam ich das unbezwingbare Verlangen, wieder etwas Produktivität in mein Leben zu bringen. So kam ich, zusammen mit Max, auf die Idee, mich bei der Berlitz-Sprachschule einzuschreiben und untertags die Schulbank zu drücken. Die Schule befand sich im Zentrum von Santiago, und Max fuhr mich jeden Tag mit dem Volkswagen dorthin. Abends kehrte ich mit dem öffentlichen Bus zurück. Egal zu welcher Tageszeit man in ihr unterwegs war, die Stadt war stets in einen dichten Nebel von Abgasschwaden getaucht, denn Pinochet hatte Jahre vorher den Hauptbahnhof und damit die Eisenbahn geschlossen, mit dem Argument, dass die Bahnbediensteten ja alle potenzielle Gegner seines Regimes wären. Stattdessen operierten jetzt dreihundertundzwanzig Buslinien in und durch Santiago, dazu unzählige

Taxis und private Pkws, und der Abgasnebel bewirkte, dass die Menschen abends mit brennenden, verweinten roten Augen herumliefen, als hätten sie gerade ihre engsten Angehörigen verloren.

Inzwischen hatte ich doch einige Fortschritte im Gebrauch der spanischen Sprache gemacht, aber ach, kaum war ich wieder zuhause bei Max und Martha, wurde kein Wort Spanisch mehr gesprochen, denn Maxs Sehnsucht nach seiner Muttersprache nahm im gleichen Maße zu, wie ihm immer neue Geschichten einfielen.

Aber so vergingen die Tage relativ leicht, untertags die Sprachschule, abends das gemeinsame Essen und die Erzählungen Maxs. Bald begannen wir, an den Wochenenden gemeinsam an die Pazifikküste zu fahren, nach Valparaiso oder Vina del Mar, wo wir, obwohl es Hochsommer war, kaum einmal weiter als bis zu den Knien ins kalte Wasser des Humboldtstromes stiegen. Einzig die Kinder planschten vergnügt in den Wellen, während wir uns auf unseren Badetüchern räkelten, bis die Sonne in Form eines dramatischen roten Balls hinter dem Horizont verschwand. Dann fuhren wir heimwärts, im Schönheits-Wettbewerbs-Volkswagen, und während auf dem Hintersitz Martha und die Kinder schliefen, brach bei uns das Heimweh durch und wir sangen die altbekannten Lieder wie „Endlos sind jene Straßen, die wir gezogen sind …, endlos sind jene Lieder, gesungen in den Wind …" Ein jeder von uns beiden kannte an die dreißig Strophen von verschiedenen Liedern, und wenn es eine Inbrunst gab, die jemanden erfüllte, dann bei uns beiden, die wir auf dieser Autobahnfahrt von der Pazifikküste bis zu unserem östlich gelegenen Vorort von Santiago fast ohne Unterbrechung durchsangen.

Von seinen abenteuerlichen Geschichten abgesehen, waren das Hauptthema von Max die Überlegungen, sich einen Olivenhain zu kaufen. Das Geld dafür hatte er, denn Max war Diplomingenieur, und wann immer er auf seinen Weltabenteuern in Geldnot gekommen war, hatte er sich in Tirol als Bauleiter beworben und jedes Mal die Stelle sofort bekommen, um mit gefüllter Brieftasche ein Dreivierteljahr später wiederum auf Reisen zu gehen. Aber mit einem Olivenhain in seinem Besitz würde er endgültig sesshaft werden, meinte er, und schilderte mir in lebhaften Farben die Fruchtbarkeit der vulkanischen Böden auf der Westabdachung der Anden und wie er seinen Olivenhain bewirtschaften würde und – falls es auch heiße Quellen dort gäbe – dort ein Kurhotel errichten und betreiben würde.

Mit einem Mal waren dann die Unterrichtsstunden bei Berlitz und die unterhaltsamen Abende bei Max und Martha zu Ende, und die beiden verabschiedeten mich auf dem Busbahnhof von Santiago, von wo ich abermals zwischen Olivenhainen aufwärts nach Puente de los Incas fuhr und die andere Seite wieder hinunter bis Mendoza, dem größten Weinkeller der Welt wo, wie man sagte, die schönsten Frauen unter der Sonne wohnten.

Nach meiner Rückkehr von dieser Reise vergingen einige Jahre, in denen der Kontakt zu Max und Martha abriss, bis mich eines Tages mein alter Freund und Kletterpartner Hans kontaktierte und mir mitteilte, dass Max wieder im Lande sei. Das hatte sich in Windeseile in seinem Heimatort herumgesprochen, und Hans und ich beschlossen, ihn zu besuchen, denn wir kannten das Haus seiner Mutter, die inzwischen verstorben war.

Es war schon dunkel, als wir durch den Garten zur Haustüre gingen und an ihr klopften und, nachdem keine Antwort erfolgte, immer wieder Maxs Namen riefen. Keine Antwort. Wir wussten aber aus irgendeinem Grund, der mir entfallen ist, dass Max zu Hause sein musste. Also riefen wir weiter, und endlich, nach etwa einer halben Stunde, ging das Licht im Hausgang an und die Silhouette Maxs erschien im beleuchteten Türrahmen. Er bat uns hinein, und während wir uns an den Küchentisch setzten, schilderte Max, was seit meiner Abreise geschehen war. Wie sehnlichst und jahrelang gewünscht, hatte er endlich seinen Olivenhain gefunden und beim Notar mit abgeschlossenem Vertrag die Kaufsumme an den Verkäufer übergeben. Aber die planerische Vorfreude währte nicht lange.

Wochen später musste er nämlich entdecken, dass nicht nur der vermeintliche Verkäufer nicht der Eigentümer des Grundstücks war, sondern dieser auch mit dem Notar unter einer Decke steckte. Schlimmer noch, waren beide Verwandte seiner Frau gewesen. Also besorgte sich Max eine Fünfundvierziger-Magnum samt Munition, besuchte unangemeldet den Verkäufer und mit ihm zusammen dann die Bank. Der Verkäufer ließ sich von Maxs Entschlossenheit (die ich mir unschwer vorstellen konnte) überzeugen und gab ihm die gesamte betrügerische Summe zurück. Aber von diesem Tag an, sagte Max, habe er kein ruhiges Leben mehr gehabt, zerschossene Fensterscheiben im Wohnzimmer seien noch das geringste Übel gewesen. Also packte er eines Tages seine beiden leiblichen Söhne (das älteste Kind entstammte einer früheren Beziehung Marthas) mit dem Nötigsten zusammen und flüchtete bei Nacht und Nebel durch einen aufgelassenen britischen Eisenbahntunnel unter dem Puente de los Incas nach Mendoza. Dort besorgte ihnen F., ein gemeinsamer Bekannter, unter falschen Namen Flugtickets nach Europa, und hier war er nun und hatte Angst vor Entdeckung, weswegen er in Kontakt mit der österreichischen Botschaft stand. Ich besorgte Max und seinen Söhnen über gemeinsame Bekannte eine Wohnung im Mittelgebirge, wo er lange Zeit inkognito wohnen konnte. Im Laufe der Jahrzehnte verblasste meine Erinnerung an die harmonischen Abende in dem kleinen Häuschen im Vorort von Santiago.

Lange Zeit später erzählte mir ein Kletterkollege, dass Max nun mithilfe der Behörden seinen Namen gewechselt habe und in seinem Heimatort, einem kleinen Dorf in einem Tiroler Seitental, unerkannt lebe.

Die Berge als Kulisse

Als ein Freund von einer Everest-Besteigung zurückkam, stellte ihm eine ältere Dame in einem Geschäft die etwas eigenartig anmutende Frage, ob er denn, im Allgemeinen, überhaupt gern in die Berge ginge? Diese Frage erschien uns derart grotesk und erheiterte uns deshalb so ungemein, dass wir sie häufig zitierten, drehte sich doch in unserem damaligen Leben praktisch alles um die Berge und das Bergsteigen. Wir betrachteten die Berge mit jugendlicher Trunkenheit, und so kletterten wir auch. Erst viel später musste ich erkennen, dass es nicht das Bild eines Berges war, das uns gefiel, sondern vielmehr die Vorstellung, uns selbst auf dem Gipfel des Berges zu sehen.

Das war ungefähr zu der Zeit, als ich den ersten Anruf einer Filmfirma erhielt. Eine angenehme Frauenstimme erklang aus dem Hörer und teilte mir mit, dass man zwei junge Kletterer für einen Film benötigte. Ob ich dabei sein wollte? Und ob sie mir dann ein Fax mit der Motivliste schicken dürfe? „Schussliste" hieße das, fügte sie erklärend hinzu.

Zwei Stunden später las ich das Fax. Natürlich war eine senkrechte Wand gefragt, aber auch so seltene Kombinationen wie ein Wasserfall, ein See und eine Blockhütte, alle am selben Platz. Arglos sagte ich zu, nicht ahnend, dass mich das letztgenannte Motiv über Jahre hinaus bis in meine Albträume begleiten würde.

Einen Monat später kletterten mein Partner und ich schon in der Laliderer-Nordwand, begleitet von einem Kamerateam. Am dritten oder vierten Tag rief der Kameramann, ein Wiener, zu mir herüber: „Heast Oida, waaßt du übahaupt, dass du zugleich den Aufnahmeleiter spüst? Zoins di dafüa?"

Das Wort Aufnahmeleiter war für mich ganz neu. Ich hatte bisher die notwendigen organisatorischen Arbeiten ganz selbstverständlich mitgemacht, natürlich ohne Bezahlung. Aber ich nahm mir fest vor, das mit dem nächsten Film, falls es je dazu käme, von Grund auf zu ändern.

Am letzten Klettertag wurden wir gefilmt, wie wir in der neunhundert Meter hohen Wand auf einem stuhlbreiten Band biwakierten, inklusive Sonnenunter- und -aufgang; dann wurden die anderen Sujets abgedreht, wie der Wasserfall, der See und die Blockhütte. Alles zugleich an einem einzigen Ort in Tirol zu finden, war mir jedoch nicht gelungen.

Es dauerte kaum einen Monat, bis sich die nächste Filmfirma meldete und ich auf der zugesandten Schussliste wiederum die Motive Wasserfall, See und Blockhütte entdeckte. Ich konnte sie mit dem Berglsteinersee, einer Blockhütte im Wattental und einem verborgenen Wasserfall im Karwendel halbwegs zufriedenstellen. Auf diesen Film folgten noch viele. Es waren Werbefilme für Tirol, für eine Münchner Lodenfirma, eine deutsche Versicherungsgesellschaft, einen österreichischen Schneekettenhersteller, eine italienische Modefirma.

Praktisch alle taten den Wunsch kund, auf einem Fleck einen Wasserfall, einen See und eine Blockhütte vorzufinden. In dieser Zeit fing ich an, auf diese Begriffe allergisch zu reagieren. Und zugleich begann ich, Jörg Haider zu beneiden. Nicht etwa seiner Beliebtheit oder des puren Geldes wegen, sondern aus dem Umstand, dass ein Erbonkel ihm ein ganzes Tal hinterlassen hatte, nämlich das Bärental in Kärnten. Ich stellte mir in diesen Jahren der Wasserfall-, Seen- und Blockhüttenbedrängnis in meinen Tagträumen vor, wie es wäre, wenn ich der Besitzer dieses Tales sein dürfte. (Ich habe den Mond im Löwen, sagen die Astrologen, und das macht mich zu einem sehnsuchtsvollen Wesen, das nach dem Unerreichbaren strebt. Die Briten nennen so einen Menschen ganz trocken *lunatic*.)

Ich würde mir in diesem Bärental zehn Wasserfälle, zehn Seen und zehn Blockhütten bereitstellen, ganz so wie eine geschmackvolle Persönlichkeit den Schrank voller Kleidungsstücke hat, die man alle untereinander kombinieren kann. Das wäre dann so, dass die Firma L. aus München einen See (S1) mit dem Wasserfall (W3) und der Blockhütte BH9 kombinieren könnte, und die Firma P. W9 mit BH1 und S3.

Als Besitzer dieses Tales müsste ich dann nur aufpassen, dass sich die Drehteams nicht in die Quere kämen. Doch der Möglichkeiten wäre, wie man so schön sagt, Legion.

Aber leider ging mein Wunsch nicht in Erfüllung, und als sich dann tatsächlich noch eine bekannte Schokoladenfirma meldete, wiederum mit dem Wunsch nach – na was wohl? – Wasserfall, See und Blockhütte natürlich, war ich nahe daran zu fragen, ob man denn die lila Kuh wenigstens selbst mitbringen könnte, unterließ aber die Respektlosigkeit und ließ mir am nächsten Tag eine neue, geheime Telefonnummer geben.

Übrigens ist es dann tatsächlich zu einer offiziellen Uraufführung unseres ersten Tiroler Kletter-Wasserfall-See-und-Blockhüttenfilms gekommen. Andreas Braun als Chef der Tirol Werbung hatte ihn in Auftrag gegeben, und wir flogen gemeinsam zur Premiere nach Wien und mischten uns im Austria Center unter die anwesenden Journalisten und Touristiker.

Als es auf der Leinwand dunkel wurde und alles gezeigt war, inklusive der Nordwand der Laliderer, und das Licht im Saal wieder anging, steuerte eine recht resolute Wirtin auf den Chef der Tirol Werbung zu, baute sich vor ihm auf und sagte in breitestem Ötztalerisch: „Na, Herr Dockter, dos vasteh i nit. Iatz zoagts a so a Scheißwand mit dö zwoa Spinner beim Biwakieren, dabei hom mia im Tole die bequemsten Federbettn laar."

Ein Jahr mit Naomi

Über die Tierliebe der Tiroler ist schon viel geschrieben worden, und sie fand ihre Erhöhung wahrscheinlich in der Erzählung „Krambambuli" der Maria von Ebner-Eschenbach. Ebner-Eschenbach war zwar keine Tirolerin, hätte jedoch sicherlich Wurzeln im heiligen Land gehabt, wenn man nur lange genug danach geforscht hätte. Denn wie hatte einstens der berühmte (und geschasste) Tiroler Dichter Sepp Schluiferer in einem atemberaubenden Dialog eingangs seines Buches „Fern von Europa. Kurze Geschichten in finstern Breiten" geschrieben?

„Woher stammt der Tiroler ab?"

„Der Tiroler stammt von gar nirgends ab. Den Tiroler hat's allewil schon gegeben."

Hier also war der Ursprung der Welt, und von hier aus konnte man deshalb auch alle Rätselhaftigkeiten des Lebens erklären.

Ich war an einem Hochsommertag in ein Karwendeltal hineingewandert und hatte mich auf die Spuren des großen Karwendel-Erschließers Hermann von Barth begeben, der später als erster Weißer nach Timbuktu kam und dort auch verstarb. Sicherlich wäre auch er ein Tiroler gewesen, wenn auch seine Genealogie vordergründig ganz woanders hinwies, aber es ist schließlich alles nur eine Frage der Zeit und der Ausdauer, bis man seinen wahren Ursprung hätte nachweisen können.

Auf jeden Fall war ich in das Karwendeltal hineingewandert und nach erfolgtem Rundgang samt Freinacht auf den Spuren

Hermann von Barths auch wieder heraus und hatte mir fest vorgenommen, meinen höllischen hochsommerlichen Durst in einem Gasthaus in Scharnitz zu löschen.

Vorher war ich allerdings einem Berufsjäger begegnet, der eine feste Anstellung bei einem großindustriellen Jagdpächter innehatte und den ich, vom Sehen her, seit Jahren kannte. Wie es bei Bekannten üblich ist, begrüßt man sich in Tirol nicht nur, sondern bleibt auch stehen, um sich über dies oder das zu unterhalten und um herauszufinden, ob der andere nicht womöglich etwas Böses im Schilde führt. Auch ist es normalerweise üblich, bei einer solchen Gelegenheit dem anderen mittels eines oder mehrerer verabreichten Schnäpse auf die wahre Gesinnung zu kommen, doch führte in diesem Falle keiner von uns einen derartigen im Rucksack mit, und so beschränkten wir uns auf den wesentlichsten Austausch der aktuellsten Begebenheiten. Und wirklich stützte sich der Jäger auf seinen Stock und begann, mir gegenüber sein Gewissen zu erleichtern: „Gestern haben wir den Rudi erschossen!", sagte er mit leicht belegter Stimme.

Das klang in meinen Ohren etwas seltsam. Nachdem ich nämlich selber Rudi heiße, fühlte ich mich in diesem Moment dem fremden, unbekannten Rudi doch recht nahe, blickte mein Gegenüber aber nur sprachlos an und wartete auf das, was folgen würde.

„Rudi war ein prächtiger Vierzehnender", erläuterte der Jäger, „und wir haben ihn alle seit Jahren sehr gut leiden mögen!" Dabei wischte er sich mit dem Handrücken über die Augenwinkel. Ich verstand augenblicklich. Der Jagdherr hatte sich dem Diktat seiner Geschäftsverbindungen beugen und seinem Jagdfreund den Rudi opfern müssen wie einst Isaac dem Gott Jahve seinen ältesten Sohn, und nachdem der Jagdfreund, ein betagter phönizischer Großreeder, dem Rudi ganz sicher nur ein Ohr weggeschossen hatte, seiner eigenen Tattrigkeit wegen, hatte mein Gegenüber als Vollstrecker mit einem Blattschuss nachhelfen müssen.

Das also war die Geschichte von Rudi, dem Großhirsch, und N., dem phönizischen Großreeder, und ganz sicher hatte diese Geschichte auf die nun folgende sich in einem Gasthaus in Scharnitz abspielende, beinahe tragisch endende Tiergeschichte ihren besonderen Einfluss. Sie brachte mich nämlich dazu, wider besseres Wissen einen einjährigen Leidensweg mit einem Tier auf mich zu nehmen, keinem Großhirsch zwar, sondern nur einem winzig kleinen Hund, der später Naomi heißen sollte.

Ich wusste aus früheren Erfahrungen, dass man diese pelzigen Liebesmaschinen ein Hundeleben lang nicht mehr loswird – aber der Reihe nach: Ich war also in einem x-beliebigen Gasthaus in Scharnitz eingekehrt, hatte mich – vorerst – an einen freien Tisch gesetzt und ein Bier und eine Salzbreze bestellt.

Wer kann schon das einmalige Gefühl beschreiben, das einen bei den ersten Schlucken Bier nach einem heißen Sommertag überkommt? Man möchte dieses Gefühl verlängern, das steht fest. Die Erfüllung dieses Wunsches näherte sich auch bald durch die Wirtin, indem sie mir ein weiteres Bier brachte und meine Schwäche ausnutzte, indem sie mir einen ebenso tiefen Blick in ihre schönen braunen Augen wie in ihr tief ausgeschnittenes Dekolleté gewährte. Dann blieb sie ein Weilchen vor mir stehen, drehte kokett das runde Tablett in ihrer Hand und fragte unschuldig, ob ich denn kein junges Hündchen zu mir nehmen mochte. Meine Antwort war ein kurzes, aber umso entschlosseneres Kopfschütteln. Sie verzog sich kommentarlos hinter die Deckung ihrer Bar. Am Nebentisch hatten mich einige Leute erkannt, weil ja Innsbruck, von wo sie wie ich kamen, nicht viel mehr als ein Dorf ist und sich fast alle kennen. Man bot mir an, bei ihnen zu sitzen.

Bald nahte das Unglück in Form eines dritten Bieres und dem treuherzigen Augenaufschlag der Wirtin: „Willst du ihn nicht wenigstens anschauen? Sonst müssen wir ihn umbringen. Wir schließen nämlich morgen das Gasthaus und wandern nach Spanien aus. Dorthin können wir den Hund nicht mitnehmen!"

Es mag sein, dass mich in diesem Moment die lebhafte Erinnerung an die Erzählung des Jägers vom tragischen Ende des Großhirsches Rudi im Herzen rührte. Auf jeden Fall machte ich den Fehler dieses Jahres, indem ich, etwas verdrossen über meine eigene Nachgiebigkeit, sagte: „Na gut, anschauen tu ich ihn." Worauf die Wirtin schneller in die Küche verschwand, als sie es bei einem Großauftrag über fünfzig Schnitzel geschafft hätte, und gleich darauf mit einem pelzigen Etwas auf der Handfläche zurückkam, das ich zuerst für einen Maulwurf oder ein ähnliches Erdwesen hielt. Es war etwa zehn Zentimeter lang und hatte die Augen geschlossen, worauf ich, meiner innersten Warnstimme gehorchend, den Kopf schüttelte und hartherzig beorderte, das Geschöpf wieder dahin zu bringen, woher es gekommen war. Die Wirtin war erfahren im Umgang mit scheinbar steinernen Bergsteigern und Trinkern und tat, was ich ihr geheißen hatte. Plötzlich stellte sie mir ein frisches Bier auf den Tisch, und auch einen Schnaps, dergleichen mehr für die ganze Runde der Innsbrucker. Die Gesprächsatmosphäre wurde zutraulicher. Einige Minuten vergingen.

Scharnitz gehört mit gewissen anderen Tiroler Dörfern zu jenen Grenzorten, an denen man traditionellerweise dem Durchreisenden die Taschen möglichst leert, weil man sie ja ohnehin nie mehr im Leben sehen wird, und in meinem Falle war es ähnlich, aber eben umgekehrt: Man leerte meine Taschen nicht, sondern man gab mir etwas mit, das meine Taschen in unerhörter Kontinuität leeren sollte.

Eine Wahrheit mag sein, dass Mitleid mit einem fremden Wesen immer von versäumtem Mitleid mit vorangegangenen Wesen herrührt. In diesem speziellen Fall war es Ulli gewesen, meine Bernhardinerhündin.

Wir hatten uns sehr gemocht, aber ich hatte noch viele Jahre nach Ullis Tod ihr gegenüber ein schlechtes Gewissen, denn sie hatte die härtesten Jahre meiner Extrembergsteigerei miterleben müssen, darunter eine achtzehnstündige Skitour.

Ein weiteres Bier und eine weitere Runde Schnäpse folgten (das mit der Promillegrenze nahm man damals noch nicht so akademisch wie heute). Und als ich nun endlich die Geldtasche zückte, zückte die Wirtin auch die ihre, fast synchron, wie in einem Wildwest-Duell, sekundiert vom Maulwurfwesen, das in der anderen Hand lag. Dann drückte sie mir das Wesen einfach geschickt in die Hand, um hingebungsvoll in ihrer Brieftasche nach Wechselgeld zu kramen. Anscheinend fand sie das Gewünschte nicht gleich, verschwand erneut in der Küche und kam dann eine ziemliche Weile lang nicht mehr zurück.

Das pelzige Etwas hatte sich inzwischen in meiner hohlen Hand vertraulich zusammengerollt. Die warme Rundlichkeit dieser Handvoll eines Wesens weckte meinen Beschützerinstinkt. Mein Blick ging zur Küche und zurück auf das Wesen in meiner Hand, und mir blieb nichts anderes, als mir meine Niederlage in diesem Duell einzugestehen.

Mit dem Pelztier auf dem Beifahrersitz kam ich um Mitternacht in Innsbruck an. Während der Heimfahrt hatte ich mir schon den Kopf zerbrochen, womit man dieses Tier, wenn es denn jemals ein Hund sein würde, füttern könnte, und ich erstand in einer Nachtapotheke eine Schachtel Kindermilch (Aptamil) und einen Schnuller. Zuhause angekommen, rührte ich einen leichtflüssigen Brei an, musste aber feststellen, dass der Schnuller für das winzige Wesen viel zu groß war und nicht in seinen Mund passte. Also verabreichte ich ihm winzige Portionen mit einer Teelöffelspitze und besorgte mir (denn damals gab es in Wilten noch die Tierhandlung Zips) am nächsten Tag eine kleine Pipette. Mithilfe dieser famosen Pipette gedieh Naomi ganz prächtig, und man konnte ihm regelrecht beim

Wachsen zusehen. Ich hatte nämlich diesem verloren wirkenden Wesen inzwischen den Namen Naomi verpasst, nach Naomi Uemura, dem japanischen Bergsteiger, der am winterlichen Denali in Alaska verlorengegangen war und dem ich mich bei einer meiner eigenen Besteigungen dieses Berges so nahe gefühlt hatte.

Je größer Naomi wurde, desto mehr wurde klar, dass seine Rasse unbestimmbar war. Es mussten in ihm alle Tiere des Waldes in Liebe vereinigt sein, er wuchs zu einem mittelgroßen Prachtkerl mit hellbraunem, glatten Fell heran, mit nur einem kleinen Schönheitsmakel: Das rechte Ohr trug er aufrecht wie der Bannerträger eines unbekannten Ordens, das linke aber hing ihm herunter, als hätte es jede Freude am Leben verloren. Bei Spaziergängen legte er sich mit jedem Rüden an, egal, wie groß er auch sein mochte, aber Hündinnen gegenüber zeigte er kaum Interesse. Er war nun ein halbes Jahr alt, aber mit dem Größerwerden entwickelte sich mir gegenüber nicht etwa eine positive Art von Individuierung, im Gegenteil: Ließ ich ihn auch nur für zwei Minuten allein (was ja manchmal unvermeidlich ist) so drehte er durch und schrie und jaulte derart herzzerreißend, dass man gern seine Geschäfte in der halben Zeit erledigte. Damals hatte man es in unserer Gesellschaft noch nicht so mit den Hundepsychiatern, aber ich begriff auch ohne derartige professionelle Hilfe, dass er von seiner Mutter (aus welchen Gründen auch immer) viel zu früh getrennt worden war und dass ich jetzt an ihrer Stelle stand. Aber nicht allein für die etwa zehn Wochen, die man einen Welpen für gewöhnlich bei der Mutter belässt, sondern lebenslang. Und dass es anlässlich solcher unvermeidbarer Trennungen nicht nur bei sozusagen verbalen Protesten bleiben würde, begriff ich spätestens, als ich einmal beruflich nach Wien verreisen musste. Gutherzig und arglos hatte meine Bürofreundin Ilse vom Alpenverein das zutrauliche Tier mit nach Hause zu ihrem Gatten Georg gebracht, und man aß zu Abend, sah Fernsehen oder las noch ein Buch, und Naomi lag brav auf dem Perserteppich, als könne er kein Wässerchen trüben. Man strich ihm über den Kopf und lobte ihn, bevor die Schlafzimmertüre sich schloss. Umso größer die Überraschung zum Frühstück, als der große, wertvolle Perserteppich einige nahezu halbmetergroße Löcher aufwies, wobei sich niemand vorstellen konnte, dass das nun fehlende Gewebe in einem so kleinen Hundemagen Platz fand.

Fast ein Jahr war nun bereits vergangen seit unserer schicksalhaften Begegnung, und der Hochsommer kündigte sich wieder an. An einem wunderbar klaren, Schönwetter verheißenden Julimorgen schwang ich mich auf mein Rennrad, mit dem Ziel, die Strecke des berüchtigten Ötztal-Radmarathons zu befahren.

Vorher hatte ich in weiser Voraussicht die Terrassentür zu meinem Garten weit geöffnet, reichlich Wasser hinausgestellt und das allerverlockendste Hundefutter und jede Menge unwiderstehliche Büffellederknochen im Garten verteilt. Denn am Tag vorher waren gerade die Handwerker mit der Fertigstellung der Einrichtung des neu angebauten Wohnzimmers fertig geworden. Ein gebrochen weißer Teppichboden, ein offener Kamin, eine mit natürlichem Licht ausgestattete Ecke mit Pflanzen in einer Hydrokultur sowie ein großer oktogonaler Esstisch mit rundumführender Bank aus bester Tischlerhand sollten mich von nun an an meine auf unabsehbare Zeit überzogenen Konten erinnern.

Optimistisch schwang ich mich also auf mein elegantes Rennrad der Marke „Chesini", nicht ohne mich vorher in einer kurzen, mahnenden Ansprache und mit Streicheleinheiten von meinem anhänglichen Freund verabschiedet zu haben.

Über den Brennerpass ging alles gut, aber knapp unterhalb des Jaufenpasses fing es zu regnen an, und es regnete bis ins Passeiertal, von dem aus ich das Timmelsjoch ansteuerte.

Dort war der Regen in Hagel übergegangen, aber ich ließ mich nicht beirren und schraubte mich die unendlich erscheinenden Serpentinen höher und höher. Knapp unterhalb des Timmelsjochs ging der Hagel wieder in Regen über und gleich darauf in Schneefall. Etwas angeschlagen erreichte ich die Passhöhe und ließ es auf der anderen Seite über die weiten Kurven nach unten tuschen, bis der Schnee wieder in Regen überging. Es wurde nun langsam dunkel, und der Regen war stärker geworden. Die Ötztaler Ache rauschte mit hohem Pegelstand etwas bedrohlich und ohrenbetäubend zu Tal, während ich müde in die Pedale trat.

Dreizehn Stunden nach meinem Aufbruch kam ich völlig ausgelaugt und pitschnass vor meiner Haustüre an. Ich sperrte sie auf, betrat durch den kleinen Vorraum das Wohnzimmer und erkannte, dass die Blitze im Passeiertal nichts gewesen waren im Vergleich zu dem, was mich hier erwartete.

Naomi hatte aus Protest gegen meine Abwesenheit die alten Zeitungen, die unterhalb des offenen Kamins lagen, in Stücke zerfetzt und die Papierfetzen gleichmäßig über den Teppichboden verteilt. Darauf, ebenso gleichmäßig, die Leka-Steinchen aus der Hydrokultur, und wiederum darauf (und ebenso gleichmäßig) den schwarzen Blumendünger aus der Schachtel, die neben den Pflanzen stand. Zu guter Letzt hatte er auf dieser soliden Grundlage mindestens zwanzig Mal Lacki gemacht. Wenn ich mir nicht absolut sicher gewesen wäre, dass es sich bei diesem Wesen um einen Hund handelte, hätte ich annehmen müssen, dass zu einer solch ausgeklügelten Teufelei nur ein Mensch fähig wäre. Als ich endlich den Blick vom Teppichboden zum Esstisch lenkte, musste ich feststellen, dass mein enttäuschter, allein gelassener Gefährte auch hier ganze Arbeit geleistet hatte. Sämtliche Ecken waren nun rund und der ursprünglich oktogonale Tisch und die Bank alles andere als oktogonal. Mein Freund musste also mindestens einen ebenso anstrengenden Tag gehabt haben wie ich auf dem Rennrad. Mir kam der Gedanke, dass unter seinen Vorfahren (alle Tiere des Waldes in Liebe vereinigt) auch ein Biber gewesen sein musste.

Nun aber machte ich den zweiten schweren psychologischen Fehler dieses Tages: „Naomi", sagte ich halblaut, „darüber sprechen wir uns morgen", zog die Radschuhe aus und wankte ächzend über die Holzstiege nach oben, ohne meinem Freund auch nur ein einziges Mal über den Kopf gestreichelt zu haben.

Ich konnte die ganze Nacht beinahe keinen Schlaf finden, weil mir jeder Knochen und Muskel schmerzte, und so wankte ich am Morgen ebenso wieder über die Holzstiege herunter, wie ich hinaufgekommen war. Meine Radrennschuhe standen noch immer da, wo ich sie ausgezogen hatte, genauer gesagt nur das, was von ihnen übrig geblieben war, nämlich die Sohlen, die meinem Gefährten wohl etwas zu hart und unverdaulich erschienen waren. Hier nun dämmerte mir endgültig, dass die Aussichten auf Besserung meines Freundes in eher dürftigem Licht erschienen.

Es nahte der sehr heiße August. Ich wurde von der Firma Schering eingeladen, in der Villa eines Münchner Professors einen Dia-Vortrag über die Besteigung des Fitz Roy zu halten, die mir drei Jahre vorher geglückt war. Ich packte also meine Vortragsutensilien gemeinsam mit Naomi in meinen nagelneuen Wagen, fuhr gen München und fand auch wirklich gleich die Villa des Professors in einem Nobelvorort. Hier standen schon einige Lieferwagen von Feinkost Käfer und ließen erahnen, dass es sich um eine ziemlich elegante Abendveranstaltung handeln musste. Als ich die Wagentüre öffnete, sprang Naomi sofort heraus, was ich bei der Hitze verstehen konnte, und war zugleich aus meinem Blickfeld in den parkähnlichen Garten verschwunden. Wenig später bog auch ich um die Ecke. Die Dame des Hauses war gerade dabei, sich mit der flachen Hand die Wasser- und Schlammspritzer vom Abendkleid zu wischen (und die daneben stehenden Herren ebenso von ihren Anzügen), während gleich daneben Naomi wohlig hechelnd bis zum Hals im schilfigen Gartenteich lag. „Das find ich aber nicht schön", sagte die Dame des Hauses belegt und wischte sich mit der flachen Hand weiter über die befleckte Abendrobe, „das find ich aber gar nicht schön." Das war meine zugegebener Weise etwas unglückliche Ankunft und Begrüßung.

Ich zog also Naomi beim Genick aus dem Teich und trug ihn zum Wagen, deckte die Windschutzscheibe mit Zeitungspapier ab und stellte ihm eine Schüssel Wasser ins Auto. Dann hielt ich meinen Vortrag. Unter den Zuhörern waren einige der bedeutendsten deutschen Urologen mit ihren Ehefrauen sowie leitende Manager der Pharmafirma Schering. Sie waren sehr freundlich und interessiert und trugen mir den Zwischenfall mit meinem Hund nicht nach. Am Ende des Vortrags trug ich meinen Krempel wieder zum Auto. Von der Handbremse war nur mehr das metallene Gestänge zu sehen, und auch der Ganghebel war seines Ledersacks entkleidet oder besser befressen worden und machte nun eher den Eindruck eines einsamen Kochlöffels in einer leeren Suppenschüssel.

Wieder zuhause angelangt, wollte es einige Tage später eine glückliche Schicksalsfügung, dass ein Nachbar von mir, von Beruf Hundezüchter und Schlittenhundefahrer und von seiner Neigung her mit einer ewigen Sehnsucht nach Ferne geschlagen, zusammen mit seinen Hunden nach Alaska auswanderte. Ich pries also die Qualitäten und Talente von Naomi im Allgemeinen und seine Teamfähigkeit im Besonderen, und Manfred, mein Nachbar, willigte ein, ihn mit nach Alaska zu nehmen. Ich selbst fand es eine schöne Lösung, wenn mein Begleiter nun weit weg und in jene Landschaft käme, in der sein Namensgeber seine letzte Heimat gefunden hatte.

Alaska

Wir waren in Talkeetna angekommen, einem Neunhundert-Einwohner-Städtchen etwa hundertachtzig Kilometer nördlich von Anchorage am Zusammenfluss der Flüsse Susitna, Chulitna und Talkeetna. Hier in der Gegend war Ende des 19. Jahrhunderts Gold gefunden worden, deshalb haftete dem Ortskern noch immer der Zauber einer Goldgräberstadt an.

Wir durften auf dem Gelände von K2-Aviation campen, einem Flugunternehmen von Jim und Julie Okonek. Jim war Jahre vorher zum besten Hubschrauberpiloten der Welt gewählt worden. Hier wehte der Wind der Freiheit, der Autonomie und einer unerhörten Gastfreundschaft, wie wir in den Tagen nach unserer Ankunft herausfinden durften. Man setzte der Autonomie noch die Krone auf, indem man Jahre später einen Kater namens Stubbs zum Bürgermeister machte, genauer zu einem Ehrenoberhaupt der Stadt, der neunzehn Jahre lang der Bevölkerung als Ansprechpartner diente. In Stubbs' Pfotenstapfen trat nach seinem Ableben der Kater Denali.

In der Fairview Bar im Zentrum Talkeetnas schienen sich alle Einheimischen und Touristen zu treffen, dort saßen auch Mary Palmer, die später zwei Mal als *Wilderness Woman of the Year* ausgezeichnet werden sollte, und die Weltmeisterin im Holzflößen (sie stammte aus Montana).

Nicht wenige Ansprechpartner in der Fairview Bar versicherten mir, sie seien nur nach Alaska gekommen, weil sie es in

ALASKA

Nach zwei Stunden fleißigen Schaufelns wurden wir mit einer Art von Gemütlichkeit in unserer Schneehöhle belohnt.

den *Lower 49* nicht mehr ausgehalten hatten (*Lower 49* war die etwas abfällige Benennung der anderen, „unteren" neunundvierzig Bundesstaaten der USA). Beim Spaziergang durch eine der wenigen Straßen konnte man sicher sein, dass in irgendeiner Einfahrt, vielleicht verborgen hinter Büschen, der Rauch eines Grillfeuers aufstieg. Ebenso sicher war, dass bald darauf eine Stimme herausschallte, die zum Mitfeiern einlud.

Von seinem kleinen Flugplatz in Talkeetna brachte uns der überaus freundliche, berühmte Jim Okonek mit seiner Cessna zum Südostarm des Kahiltna-Gletschers, einem Landeplatz, der allen oder fast allen Bergsteigern für ihre Touren auf den Denali und den Mount Hunter als Ausgangsort diente. Wir schulterten unsere Rucksäcke und spurten diesen relativ steilen Gletscherarm hinauf bis zu unserem gedachten Einstieg an der Nordwand des Mount Hunter. Hier legten wir unsere Skier ab, steckten sie an einem vor Lawinen geschützten, vermeintlich sicheren Platz in den Schnee und machten uns zum Klettern bereit.

Unser Plan sah vor, eine neue Route auf diesen dritthöchsten Berg der Alaska Range zu eröffnen, und so wählten wir ein bisher unbegangenes, steiles Couloir an der Nordwand dieses Berges. Wir kamen schnell höher, weil wir gleichzeitig seilfrei hintereinander kletterten, und erreichten so einen breiten Sattel auf etwa dreitausendfünfhundert Metern. Was sich schon seit den Mittagsstunden angekündigt hatte, traf jetzt ein. Der Himmel hatte sich zugezogen, die Sicht verschlechtert, und wir kletterten in eine Luftschicht hinein, die von starken Winden und großer Kälte gekennzeichnet war. Wir hatten zum Übernachten gar kein Zelt dabei, denn Zelte bieten hier bei großen Stürmen kaum Schutz, und so gruben wir uns mit den Schneeschaufeln eine Höhle in den windabgewandten Teil einer Schneewechte.

Nach etwa zwei Stunden des fleißigen Schaufelns konnten wir unsere Isoliermatten und Schlafsäcke am Boden der Höhle ausbreiten und machten es uns gemütlich. Ermanno und Maurizio machten sich am Kocher zu schaffen, während ich mich mit dem Basteln von Kerzenhaltern beschäftigte. Eine solche Schneehöhle gibt den einzigen und perfekten Schutz gegen die Stürme, vor allem wenn dann mit der Zeit die Abstrahlung der Kerzen, des Kochers und der eigenen Körperwärme das pulvrige Schneegewölbe der Höhle verdichtet. Unterstützung in dieser Richtung wurde auch durch den Umstand gewährt, dass meine Freunde leidenschaftliche Raucher waren, und so war das Innere unserer Behausung sehr bald nebliger als das *Whiteout* außerhalb von ihr.

Am nächsten Tag wurde es Zeit, unsere Seile auszupacken. Die Steilflanke, die fast ohne eine Unterbrechung bis zum Gipfel zog, war eine tückische Masse Pulverschnee, nur zusammengehalten von dünnen Eislamellen, die weder den Hauen noch den Schäften der Eispickel wirklichen Halt gewährten. Ich hätte derartige Verhältnisse vor meinen alaskanischen Erfahrungen nicht für möglich gehalten, denn auf den Fotografien der Bergsteiger hatten diese Flanken immer so harmlos ausgesehen, und ich konnte die Aufregung kaum verstehen, die um solche Klettereien gemacht wurde. Aber hier nun wurde ich mir des Ernstes der Lage bewusst, als ich, zwanzig oder dreißig Meter oberhalb meiner Gefährten, die mich sichern sollten, ratlos mit meinen Eisgeräten im lamellendurchsetzten Pulverschnee herumrührte, widerstandslos wie mit dem Kochlöffel in einer leeren Teigschüssel.

Schlechterdings kletterten wir seit dem Aufbruch in einem *Whiteout*, wie es in Alaska heißt, wenn man bald keine paar Meter weit blicken kann und gezwungen ist, seine Umgebung mehr zu ertasten als zu sehen. Zudem konnte man jetzt die extreme Lawinengefahr beinahe riechen, und ich versuchte schließlich, einen halbwegs sicheren Standplatz zu bauen, was mir aber nicht gelang.

ALASKA

Rückzug: „Weil ich jeden weiteren Schritt als reine Gotteslästerung empfand."

Ein Blick auf den Höhenmesser zeigte etwa viertausendzweihundert Meter an, also konnte es bis zum Gipfel nicht mehr weit sein. Ratlos blickte ich zu meinen Gefährten hinunter, die ihrerseits hoffnungsvoll zu mir heraufblickten. Ich beschloss umzukehren, weil ich jeden weiteren Schritt als reine Gotteslästerung empfand.

Ich stieg also zu meinen beiden Gefährten ab, gespannt, wie wir den weiteren Abstieg von fast zweitausend Höhenmetern über diese Steilwände und Couloirs meistern würden. Aber hier nun würde sich zeigen, aus welchem Holz meine beiden Begleiter geschnitzt waren. Bisher nämlich hatten sie sich kaum von anderen erstklassigen Bergsteigern unterschieden, einzig vielleicht durch den Umstand, dass sie trotz abendlichen Kettenrauchens am nächsten Morgen äußerst fit und fidel auf den Beinen waren. Aber nun zeigten sie sich als Meister in einer Technik, die wir seinerzeit bei der Bergführerprüfung eher in der Theorie kennengelernt hatten, als hätten die beiden in ihrem Leben nichts anderes getan.

Diese Technik bestand darin, dass wir uns nur mithilfe eines einzigen Eispickels oder je nach Gelände einer einzigen Eisschraube über die gesamte Steilwand abseilten. Die Raffinesse dieses Vorgehens bestand darin, von diesem jeweils einzigen Abseilpunkt vierzig oder fünfzig Meter hinunterzufahren, die Seile bei Ankunft an diesem Standplatz zu entlasten und mit einem richtig ausgeführten Zug an einem der Seile, nämlich dem richtigen, die Eisschraube oder den Pickel zusammen mit dem Seil zu sich herunterzuholen.

Die beiden waren wahre Meister in dieser Technik, und so erreichten wir am nächsten Morgen wieder unseren Wandfuß und freuten uns auf die Skiabfahrt, die uns erwartete. Aber als wir an unserem Wandfuß ankamen und das letzte Mal die Seile abzogen, war von unseren Skiern nichts mehr zu sehen. Einzig ein einzelner Skistock zeigte uns noch den Ort an, an dem unsere Skier im Schnee stecken sollten. Unschwer waren die Spuren einer Lawine zu erkennen, die unser Depot in die Tiefe gerissen hatte. Das hinterließ bei mir zunächst eine Spur von Ratlosigkeit, aber nicht bei meinen Gefährten.

Ermanno sagte, dass wir nur in der Falllinie des verbliebenen Skistocks nach unten suchen müssten, dann fänden wir irgendwo im Lawinenkegel ganz sicher unsere Ausrüstung wieder. Und genauso war es auch, wir fanden tatsächlich alles wieder, mit Ausnahme von einem meiner Stöcke. Aber das war unser kleinstes Problem. Das größere bestand in der Befahrung des Ostarmes dieses Kahiltna-Gletschers, denn wir wussten, dass es sich bei diesem Gletscher um einen der zerklüftetsten und spaltenreichsten Alaskas, wenn nicht der ganzen Welt, handelte. Bei derart schlechter Sicht sich nach unten durchkämpfen zu müssen würde eine große Belastung für unser Nervenkostüm werden, und wir arrangierten, während wir uns wieder anseilten, dass der Unterste, also der Führende, jeweils nach einer Viertelstunde abgelöst würde. Und wirklich waren unsere Nerven zum Zerreißen gespannt, wenn wir als Führende fast sekündlich damit rechnen mussten, in eine Spalte zu fallen und bestenfalls nach acht oder zehn Metern von unseren Partnern gehalten zu werden.

Aber keiner von uns stürzte in eine Spalte, wiewohl wir mit den Nerven am Anschlag waren. Die Seufzer der Erleichterung müssen bis in die Fairview Bar in Talkeetna hörbar gewesen sein, als wir unser Basislager wieder erreichten. Dort verbrachten wir eine Nacht und machten uns dann auf den Weg in die Südflanke des Denali, zum Saudan-Couloir, an dessen Fuß wir wieder eine Schneehöhle bauten. Im Nebel der Marlboros kochten wir unsere Abendsuppe, und beim Blick zur Höhle hinaus stellten wir fest, dass der Himmel aufklarte und sich die ersten Sterne zeigten.

Am nächsten Morgen durfte ich erneut mit Erstaunen feststellen, dass meine beiden Raucherfreunde nach anfänglicher, halbstündiger Morgenstarre das eintausendachthundert Meter hohe Steilcouloir fit und munter in Angriff nahmen. Das Couloir bot auf seiner gesamten Länge keinen einzigen Platz zum Ausruhen und stellte deshalb einige Ansprüche an unsere Wadenmuskeln, und ich dachte während des gesamten Aufstiegs voller Respekt an den Steilwandfahrer Silvain Saudan, der einige Jahre vor uns diese Steilrinne mit Skiern abgefahren war. Er wurde zu Recht als „Skieur de l'Impossible", also „Skifahrer des Unmöglichen", bekannt.

Am nächsten Tag waren wir wieder zurück bei unserer kleinen Landebahn auf dem Gletscher, Jim Okonek flog uns zurück nach Talkeetna, und wir fanden uns in der Fairview Bar wieder. Die Stirnseite der Bar, gegenüber den Sitzen der Barbesucher, war mit einem riesigen Portrait des Denali-Massivs bemalt. Im Vordergrund sah man einen Grizzlybären, wie er zum Gipfel blickte, den mächtigen Hintern den Gästen der Bar zugewandt. Es war eine ungeschriebene Regel, dass jede Nation, die den Gipfel erreicht hatte, ihre Nationalflagge auf das Bild an der Wand stecken durfte. So waren heuer schon ziemlich viele kleine Fähnchen auf dem gemalten Gipfel zu sehen. Einzig Joe Brown mit seiner britischen Gruppe hatte umdrehen müssen, dafür hatten sie ihre Fahne dem Bären an den Hintern gesteckt.

Nach und nach kamen sie alle wieder, Mary und Susan und die Holzflößer-Weltmeisterin (sie wirkte hier herinnen, vor dem Gemälde des Grizzlys und der großen Bar, mit ihrer ledernen Fransenjacke wie das Faktotum in einem Wildwestfilm) und die Holzfäller und Trapper und all die anderen liebenswerten Herumtreiber. Und der halbe Ort tanzte zur Mitternachtssonne auf der Hauptstraße. Kaum jemand ging zu Bett, denn schlafen, so meinte Mary, könne man im Winter noch lange genug. Und Mark Wildermouth meinte, ich wäre in seinem Wochenendhaus herzlich eingeladen, der Schlüssel befände sich über der

ALASKA

Blick vom Denali zum Mount Foraker.

Türe, Bier und Essen im Kühlschrank. Ich fragte, wie ich dort wohl hingelange, wie weit es entfernt sei und ob ich mir ein Fahrrad ausleihen solle. Nach einer Schweigeminute, in der sich Mark am Hinterkopf kratzte, kam die Antwort: „Dir trauen wir das zu. Aber tausend Kilometer sind es schon bis dorthin."

(Für die Alaskaner schienen die Regeln der Gastfreundschaft weltweit zu gelten. Denn ein Jahr später sollte mich Mark besuchen kommen: Ich kam gerade von Dreharbeiten von einem Skifilm am Arlberg und fuhr das tief verschneite Sträßchen zu meinem Haus in Innsbruck hoch, als ich bemerkte, dass mein Häuschen hell erleuchtet war. Das schien mir nun etwas seltsam, denn ich war der einzige Mensch auf der Welt, der einen Schlüssel zur Haustüre besaß, und so fuhr ich einigermaßen gespannt in die Einfahrt, in Erwartung der Dinge, die meiner nun harrten. Da öffnete sich die Tür, und rahmenfüllend erschien ein Kerl im karierten Holzfällerhemd und mit langem Bart und sagte: „Hi Rudi. You won't recognize me. Mark Wildermouth, Talkeetna, Alaska." Irgendwie musste es Mark, nachdem ich nicht zu Hause gewesen war, geschafft haben, in mein Haus einzusteigen.)

Meine beiden hartgesottenen italienischen Freunde beschlossen nun, unsere Route am Mount Hunter noch einmal zu probieren und doch noch zum Gipfel zu gelangen, und wir verabschiedeten uns zwei Tage später im Basislager, wohin uns Jim wieder gebracht hatte. Sie stiegen wieder den Ostarm des Kahiltna-Gletschers hinauf, während ich mich mit den Skiern zum Hauptarm hinunterschob und ins Tal hinein, in Richtung Denali. Ich durchquerte die langen Firn- und Gletscherbecken auf zweitausend Metern Höhe, die zu seinem über sechstausend Meter hohen Gipfel führten. Ich stieg und stieg fast im Gleichmaß mit der sinkenden Sonne, denn ich war erst zur Mittagszeit aufgebrochen.

An jener Engstelle, die für ihre Fallwinde berüchtigt ist und deshalb Windy Corner heißt, robbte ich auf allen vieren nach oben, dem Sturm entgegen, dessen Wucht erst nachließ, als ich das weite Gletscherbecken durchquerte, das zum sogenannten Fünfzehntausender-Lager führt (in Feet gemessen). Über eine fünfunddreißig Grad steile Eisflanke erreichte ich jenen Grat, der zu einer weiteren langen Querung hochführt und zu endlosen, fast flachen, ebenso eisigen Hochflächen, an deren Ende sich die Gipfelwand des Berges erhebt.

Darüber war es Nacht und Tag und wieder Abend geworden, und ich war ohne Unterbrechung schon fünfundzwanzig Stunden unterwegs. Aber nicht des langen Steigens wegen war ich müde, sondern ob der Kälte. Zum ersten Mal in meinem Leben erfuhr ich, was es heißt, während des Steigens sogar an denjenigen Stellen zu frieren, die vom Rucksack bedeckt sind, oder an Stellen, denen die Natur besonderen Schutz mitgegeben hat, um unsere Spezies nicht aussterben zu lassen. Freilich war ich mit dem Besten ausgerüstet, was der Markt bieten konnte, eine bekannte italienische Ausrüstungsfirma hatte mir eigens einen doppelten Sturmoverall aus Daune und Goretex maßgeschneidert. Doch dieses Empfinden von Kälte hatte mit Frieren im klassischen Sinn nur mehr entfernte Ähnlichkeit, es war mehr einem Auslaufen ähnlich, wie es bei Batterien der Fall sein mag. Ich spürte die Kraft mit jeder Minute und Sekunde unaufhaltsam verfließen, sogar dann, wenn ich nur saß oder stand. Der Gipfelgrat stellte keine große Herausforderung dar, gleichwohl ich aufmerksam bleiben musste; auf der rechten Seite hätte ein Fehltritt genügt, um über die viertausend Meter hohe Südwand abzustürzen.

An der Mitte des Südgrates angekommen, entnahm ich dem Rucksack meine kleine Gipfelflagge und versuchte, sie an einen Skistock zu binden. Zweiundzwanzig Kilometer Marsch über Schnee und Eisflächen lagen in diesen letzten dreißig Stunden hinter mir, in denen es nie richtig dunkel geworden war. Der Sturm zerrte heftig an der kleinen Flagge, und ich behalf mir beim Knüpfen eines Knotens mit den Zähnen. Ein jähes, trockenes Knacken – ein Schneidezahn war abgebrochen. Ich ließ den Zahn im Schnee liegen, wie eine kleine Opfergabe auf dem höchsten Punkt Alaskas.

Dann stieg ich ab, es war nun wieder fast Mitternacht. Am Fuß der Gipfelwand traf ich auf eine Dreierseilschaft, es waren amerikanische Bergsteiger, aus deren mit Eiszapfen verwachsenen Atemlöchern der Sturmmasken ein freundlicher, wenngleich kaum verständlicher Gruß kam. Ganz kurz blieben wir stehen und begutachteten uns schweigend, ob wohl einer Hilfe bräuchte.

Dann fing der Seilschaftsführer mühsam, in abgehackten Sätzen, zu sprechen an. Ob ich wüsste, wie kalt es eigentlich sei?

„Nein", sagte ich.

„Vierundsechzig Grad", kam es aus der Maske.

„Fahrenheit?", fragte ich etwas verlangsamt.

„Nein", sagte mein Gegenüber. „Celsius natürlich."

Wir reichten uns die Hände, und sie wandten sich dem weiteren Aufstieg zu.

Ich stieg in flottem Tempo ab. Hundert oder vielleicht hundertfünfzig Höhenmeter tiefer – ich befand mich nun auf unter sechstausend Metern – brach die Kälte innerhalb weniger Höhenmeter, war weggewischt wie von einer wärmenden Zauberhand. Nicht einmal jene Gestirne, die wir Sonne und Mond nennen, hatten um diese mitternächtliche Stunde noch einen Hauch von Kälte an sich: Mir zu Füßen, dickbauchigen Segelschiffen gleich, orangerot und voll und rund, zogen sie in gleicher Farbe und gleicher Höhe über den bläulichen Horizont aus welligen Eisflächen, der sich vom Fuß des Berges bis zum äußersten Rand jener Scheibe erstreckte, aus der in dieser Nacht die Erde bestand und die mich für Stunden in einen Ptolemäer verwandelte.

Ich querte eine Eisrinne, von amerikanischen Bergsteigern „Orient Express" genannt, weil dort so viele japanische Bergsteiger abgestürzt waren, stieg etwa hundert Meter weiter ab und setzte mich am oberen Rand eines weiten Gletscherbeckens nieder. Es war inzwischen drei Uhr morgens geworden, und das Orangerot von Sonne und Mond hatte sich mit dem Blau der Eisflächen vermischt und war zu einem zarten Magenta geworden. So saß ich denn und war zufrieden.

Jim Okonek mit seiner Cessna 185 Skywagon flog mich zurück zu den Menschen und erzählte mir während des Fluges, dass Ermanno und Maurizio am vorgestrigen Tag nach Talkeetna zurückgekommen waren. Sie hatten ihm erzählt, dass sie nur haarscharf einer riesigen Lawine entkommen waren, an etwa der gleichen Stelle, an der ich umgedreht war, und dass sie, zurück in Talkeetna, gleich am nächsten Tag nach Anchorage gefahren und nach Hause geflogen waren.

In Talkeetna war *Miners Day*, auf den sich die Frauen der Stadt wochenlang vorbereitet hatten, die nun auf einer Bühne an der Hauptstraße Offenbachs Cancan tanzten. Zum Schluss durfte ich der Vortänzerin das Strumpfband vom Oberschenkel streifen. (Ich sollte es noch jahrelang durch viele Übersiedlungen mit mir führen.)

Und wieder saßen sie gegen Abend alle da in der Fairview Bar: die hübsche, wenn auch recht stämmige Weltmeisterin im Holzflößen, die spätere zweimalige *Wilderness Woman of the Year*, die großgewachsene hübsche Mary aus Homer, die Waldläufer und die Bergsteiger. Die Jäger würden erst im Juni und Juli kommen, wenn die Bergsteigersaison vorbei war. Langsam füllte sich die Bar, denn es ging auf Mitternacht zu. Aus den Augenwinkeln sah ich auf der Hauptstraße einige junge Mütter mit ihren Babys zur Country-Musik tanzen, mit geschlossenen Augen und seligem Gesichtsausdruck. Es war fast noch taghell.

Das hier war das friedliche Paradies eines beginnenden Sommers, in dem es keine Nacht mehr gab. Einzig ein paar Tage vorher hatte es einen Einsatz des Sheriffs gegeben, weil ein be-

ALASKA

„Das Paradies eines beginnenden Sommers, in dem es keine Nacht mehr gab": Miner's Day in Talkeetna.

trunkener Trapper aus der nahen Bootsanlegestelle am Susitna ein Holzboot mit einem Luftpropeller entwendet hatte und damit über die Hauptstraße gebrettert war.

An einem der folgenden Abende wurde ich von Julie und Jim Okonek zum Essen geladen. Ihr Haus lag etwas außerhalb von Talkeetna und damit ein gutes Stück vom Campground von K2-Aviation entfernt. Während ich mit Jim bei einem Whisky saß und Julie in der Küche werkte, und wir beide durch die großen Verglasungen des Wohnzimmers auf den See hinausblickten, wurde mir zum wiederholten Male die riesige Weite dieses Landes bewusst. Auch dass ich hier nicht auf Dauer leben könnte, denn das alles war mir zu weit und zu groß.

Das war nicht wie in Tirol, oder im Sherpaland oder Hunzaland, wo jeder Gipfel einen Namen hatte und Hunderte, ja Tausende Wege durch die Berge führen, über Übergänge und Pässe, die ebenso uralte Flurnamen tragen. So wunderbar dieses Land hier war, würde ich mich auf Dauer verloren fühlen, weil ich die Weite nicht anfassen und nicht wirklich begreifen konnte. Ich konnte verstehen, warum hier die Menschen bereits im Alter von fünfzehn oder sechzehn Jahren zu fliegen lernten. Es war nicht allein aus geographischen Gründen, sondern um auch seelisch mit der Riesenhaftigkeit dieses Landes fertigzuwerden.

In den folgenden Tagen kam Jim immer um sechs oder halb sieben zu meinem Zelt und lud mich ein, mit ihm „eine Runde" zu fliegen, wie er sich ausdrückte. Das waren herrliche Tage! Für diese Runden wählte er an jedem Morgen jeweils einen anderen Flugzeugtypus aus. Anfangs dachte ich, dass bei seiner Entscheidung für diese oder jene Maschine der Zufall regierte, doch an dem Morgen, an dem wir mit der allerkleinsten Maschine von Jim flogen, begann ich seine Beweggründe und tieferen Absichten verstehen zu lernen. Dieses kleine Maschinchen erinnerte mich an den zweisitzigen Fieseler Storch, der mir aus alten Filmen in Erinnerung war.

Wir flogen also nordwärts von Talkeetna immer dem Lauf des Susitna entlang, und nur ab und zu gingen wir in einen steilen Sinkflug über, wenn Jim einen Bären oder einen Elch an der Tränke entdeckte. Ansonsten folgten wir ruhig dem Lauf des großen Flusses, bis Jim auf einmal auf eine winzige Sandbank mitten im Strom zeigte und auch schon zum Landeanflug ansetzte. Die Sandbank war nicht breiter als zehn und nicht länger als sechzig oder achtzig Meter, doch landeten wir glatt und es ruckelte nur ein wenig, wenn sich etwas Geröll in der Sandbank befand. Wir stiegen aus und fassten das winzige Flugzeug am Heck, das mir in diesem Moment sehr leicht erschien, und drehten es auf diese Weise einfach in Startrichtung um. So starteten wir wieder und folgten abermals dem Susitna, nur dieses Mal in Richtung Talkeetna. Wir waren schon einige Minuten in der Luft, als Jim sich räusperte und mich prüfend von der Seite anblickte.

„Ich ahne, dass du das Extrembergsteigen an den Nagel hängen willst, Rudi", sagte er. „Und du liebst das Fliegen, das sehe ich. Deshalb möchte ich dir einen Vorschlag machen: Ich bilde dich zum Piloten aus. Das kostet dich nichts, Rudi. Nur das Kerosin, das wir brauchen!"

Da fragte ich mich, ob wohl die klare, kalte Luft Alaskas, frei von atmosphärischen Störungen, solche Gedankenübertragungen begünstigt oder ermöglicht, oder ob Momente wie dieser einfach auf der Einfühlsamkeit der Bewohner des Landes gründeten. Jims mehr als großzügiges Angebot musste ich jedoch ablehnen, und er trug es mit Gleichmut. Ich kannte mich selber nur zu gut und wusste, dass es nicht mit der Leidenschaft für das Fliegen getan wäre. Die darüber hinaus notwendige technische Sorgfalt und damit die Fähigkeit, eine solche Maschine im Bedarfsfall zu warten oder zu reparieren, fehlte mir. Ich bin ganz einfach kein technisch begabter Mensch, und das wusste ich. Auch wenn aus mir kein Pilot werden sollte, hat mir dieser Moment doch bewusst gemacht, was ich bislang eher erahnt hatte, denn aussprechen wollte: Von einer extremen Tour, von einer Expedition zur nächsten zu ziehen und dabei Kopf und Kragen zu riskieren, war nicht mehr das, an dem ich mich ausrichten wollte. Erleichtert ob dieser Erkenntnis und quietschvergnügt wie ein gut genährter Landstreicher kehrte ich am Abend in die Fairview Bar zurück, nicht ahnend, dass bald ein Abenteuer ganz anderer Art auf mich warten sollte.

Wo sonst als in der Fairview Bar hätte ich George, den Waldläufer kennenlernen können? Er war ein nicht sehr großer, drahtiger Typ mit breiten Schultern und langem Vollbart, und erzählte, dass er auf der Suche nach einem oder zwei Partnern für eine längere Raftingtour auf einem Nebenfluss des Susitna war. George war kein Bergsteiger, aber ihm zuzuhören war, als würde man Jack London lesen. Wie viele Alaskaner arbeitete George im Winter nicht, da wurde gelesen und Feuer gemacht und der fehlende Schlaf des Sommers nachgeholt. Er war ein Ein-Mann-Unternehmen, in dem er ganz auf sich allein gestellt für wohlhabende Jagdherren und Fischer Blockhütten baute. Zu diesem Zweck ließ er sich von einem Wasserflugzeug zu dem Ort bringen, den ihm der Bauherr vorher auf der Landkarte gezeigt hatte. Nach der Landung des Wasserflugzeugs verstaute er in seinem kleinen Schlauchboot alles, was er für die nächsten sechs Wochen benötigte: Motorsäge, Beil, ein oder zwei längere Stahlseile mit Ratsche zum Spannen, Essen und Getränke und natürlich ein Schießeisen. Dann paddelte er ans Ufer, kundschaftete einen geeigneten Platz aus, der meistens auf einer kleinen Anhöhe lag und, sehr wichtig, einen dichten Baumbestand hatte. Also startete er an Ort und Stelle seine Motorsäge und fällte sämtliche Bäume in seiner engsten

Umgebung, mit Ausnahme von drei starken Bäumen an den entgegengesetzten Rändern des Bauplatzes. Nun spannte er mithilfe seiner mitgebrachten Ratsche die Stahlseile zwischen diesen drei Bäumen und konnte so und mithilfe einer Rolle, die auf den Stahlseilen lief, Baumstamm für Baumstamm in die Höhe hieven und in die richtige Lage bringen. So wuchs langsam im Viereck das Blockhaus in die Höhe, wobei er jedem Stamm mit der Blattspitze der Motorsäge eine Nut verpasste, in die dann die nächste Lage der Stämme hineinpassen sollte. An guten Tagen, sagte George, schaffte er eine ganze Lage, also vier Stämme.

Nach etwa sechs Wochen, wenn das Haus fertig war und der Biervorrat ausgetrunken, holte ihn das Wasserflugzeug wieder am vereinbarten Ort ab. So konnte er vom Bau eines oder zwei Blockhäuser pro Saison seinen Lebensunterhalt gut bestreiten, vor allem, weil er selbst mit seiner Frau ganz bescheiden in einem Blockhaus lebte, wie so viele andere in dieser Gegend auch. Später kam an diesem Abend in der Fairview Bar dann noch Robert, ein alter Kumpel von George, dazu und trug mit seinen witzigen Bemerkungen zur guten Stimmung bei. Also beschlossen wir in dieser Nacht, für etwa vierzehn oder sechzehn Tage von einem See aus über einen Seitenarm des Susitna flussabwärts zu paddeln.

Der Vater von George besaß ein kleines Flugunternehmen mit fünf oder sechs Cessnas, die auch auf dem Wasser starten und landen konnten, und war bereit, uns um den Preis des Kerosins an jenen See zu bringen, an dem unser Fluss entsprang. Natürlich mussten wir dafür auch an einem See in Talkeetna starten. Aber zuerst waren wir beschäftigt, unsere Ausrüstung und Verpflegung an Bord des kleinen Flugzeugs zu bringen, das bald hoffnungslos überladen war und dies schließlich auch durch das laute Alarmsignal kundtat, das bei jedem Versuch des Abhebens ausgelöst wurde. Aber unser Pilot ließ sich davon keineswegs beeindrucken, er steuerte unverdrossen und unermüdlich unser Flugzeug in einem großen Kreis über den See, und das für mehr als eine Dreiviertelstunde. Schließlich griff er zu einem Trick: Er erzeugte mit den Schwimmern große Wellen, setzte dann das Flugzeug an den Beginn dieses Kreisels und startete mit Vollgas über die Wellenkämme, die jetzt natürlich weniger Widerstand boten, als es das flache Wasser tat. Und wirklich, nach mehreren Versuchen hoben wir ab, unter dem lauten Schrillen des Überlastungsalarms, der wie ein verrosteter Wecker klang, und schwebten schon über Talkeetna hinweg, unserem Ziel entgegen.

Nach etwa einer Dreiviertelstunde Flugzeit setzte uns Georges Vater auf dem gewünschten See aus, und wir pumpten das Schlauchboot auf, ließen es zu Wasser und steuerten es auch gleich dem Abfluss des Sees zu, dessen Verlauf uns in etwa zwei Wochen zum ausgemachten Treffpunkt bringen sollte, an dem man uns abholen würde.

Gleich zu Beginn und noch vor den großen Stromschnellen machte uns George klar, wer hier der Kapitän war. Er saß im Heck des Schlauchbootes und sollte daher relativ lange trocken bleiben, während Robert und ich nach einer Stunde keinen trockenen Faden mehr am Leibe hatten und um die Wette zitterten, denn es war Mitte Mai, das Flusswasser eiskalt und die Lufttemperatur ebenso. Bald kamen die ersten Stromschnellen, und George rief vom Heck des Bootes: „Paddle like hell!" Wir paddelten wie die Verrückten, während wir tief mit dem Bug in die Wellen tauchten und uns das kalte Wasser beim Kragen hinein- und bei den Hosenröhren hinauslief.

Gegen Mittag mündete der erste Seitenarm in unser Gewässer, George hieß uns anlanden, und die beiden richteten ihre Angelruten und zogen einen *Greyling* (Äsche) nach dem anderen aus dem Wasser, während ich versuchte, mich warm zu zittern. Es war unglaublich, dass meine Gefährten es sich trotz der eigenen Nässe nicht nehmen ließen, für eine oder eineinhalb Stunden ihre Angeln auszuwerfen. Und das sollte auch in den nächsten vierzehn Tagen so bleiben, oder wenigstens bis zu dem Zeitpunkt, an dem ein Waldbrand unsere Angelruten verbrennen sollte. Damals lernte ich eine wichtige Lektion fürs Leben: dass nämlich Fischer noch fanatischer als Bergsteiger sein können.

Nachdem ein jeder der beiden an die zehn *Greylings* herausgezogen und sie die meisten davon wieder ins Wasser geworfen hatten, ging die Fahrt weiter, bis wir am Abend an einem flachen Uferstück anlandeten und das Boot ins Trockene zogen. Am wärmenden Feuer ließen wir uns einige Dosen Bier schmecken, brieten unsere Fische und aßen sie mit Genuss, bevor wir die leeren Bierdosen auf den großen Ast eines nahen Baumes stellten und mit unserem Fünfundvierziger-Colt mit dem überlangen Lauf versuchten, sie wieder herunterzuholen. Der Colt war ein ziemliches Trumm und hatte einen Rückstoß wie eine schwere Schrotflinte, weswegen man ihn beim Abfeuern gut festhalten musste, um sich nicht die Hand zu prellen. Natürlich war George auch hier der Champion, aus zehn Metern Entfernung holte er meistens sieben bis acht Dosen vom Baum, während ich kaum jemals mehr als drei bis vier schaffte. Auf jeden Fall glaube ich seit diesen Tagen keinem Wildwesthelden mehr, dass er aus der Hüfte auf größere Entfernungen noch irgendetwas trifft, das kleiner als ein Haus ist.

Vor dem Schlafengehen ging ein jeder von uns noch in eine andere Richtung, um sein Geschäft zu verrichten. Das war laut George das einzige wirksame Mittel, die Grizzlybären fernzuhalten. Gegen elf Uhr am Abend wurde es dann endlich ein wenig dunkler, und wir zogen uns in unsere Schlafsäcke zurück, während das Feuer kleiner wurde, die Sterne über den Himmel rollten und George begann, seine Horrorgeschichten über Bären zu erzählen.

ALASKA

Der Fluss gibt die Reiseroute vor – und das Tagesprogramm: paddeln und angeln.

„Ihr glaubt es nicht", sagte er, „aber mit unserem Colt schießen wir doch glatt den Motorblock eines Chevis durch. Hat aber dem Trapper, den man vor zehn Jahren hier ganz in der Nähe vermisste, auch nichts geholfen."

„Wie?", fragte Robert. „Nichts geholfen?"

„Nichts", sagte George. „Der gute Mann war eines Tages verschwunden. Ganz einfach verschwunden. Man fand nur mehr seinen Colt. Den gleichen wie unseren. Leergeschossen. In der Nähe seiner Hütte. Vom Trapper keine Spur."

„Klingt ziemlich grauenhaft", sagte ich und zog mir den Schlafsack bis zur Nase hoch.

„Ja," sagte George. „Und wisst ihr, was das Komischste daran war?"

„Nein", sagten wir beide zugleich.

„Ein, zwei Jahre später hat ein Jäger einen Bären erlegt. War eines der größten Exemplare, das jemals in Alaska einem Jäger vor die Flinte lief, ihr wisst schon, so ein Sieben- oder Achthundert-Kilo-Brocken. Als man ihm das Fell abzog, fand man in seinem Brustbein sechs Kugeln. Genau von dem Colt, der dem Trapper gehört hatte."

Ich versuchte die Gedanken abzuwehren, in meinem Schlafsack wie ein Hotdog quer im Maul eines Grizzlys davongetragen zu werden, und dachte an die Stromschnellen zurück und wie kalt mir gewesen war und wie geborgen wir hier am Lagerfeuer saßen.

Die erste Begegnung mit einem Bären hatten wir einige Tage später. Wir waren, wie schon gewohnt, an einem flacheren Ufer an Land gegangen, zogen das Boot aus dem Wasser und beschlossen, weil es noch früh am Abend war, ein wenig die Gegend zu erkunden. George machte wieder die Vorhut. Er hatte den Fünfundvierziger-Colt hinter dem Gürtel stecken und erklärte uns, dass die meisten Unfälle mit Bären an dem Wind abgewandten Kuppen des Geländes passierten, dann nämlich, wenn man wenige Meter hinter diesen Kuppen auf ein Bärennest stieß und der Bär zu Hause war. Daraus ergäben sich dann oft nur mehr dreißig oder vierzig Meter Sicherheitsabstand. Dann half natürlich nicht nur der Fünfundvierziger nichts, sondern auch keine größere Flinte, denn selbst wenn der Bär tödlich getroffen sein sollte, dann ließ ihn seine besondere neurologische Beschaffenheit noch einige Minuten weiterkämpfen, genug, um jeden Eindringling zu erledigen.

George, obwohl kleiner gewachsen als ich, hatte seinen Waldläuferschritt vorgelegt, der mich dazu zwang, alle zehn oder fünfzehn Schritte ein wenig zu laufen, um ihn einzuholen. So gingen und liefen wir landeinwärts, George als Erster und Robert als Letzter, und wirklich dauerte es nicht lange, bis wir um eine Geländekuppe bogen und, nicht mehr als zwanzig Meter entfernt, auf das riesige Nest eines Grizzlys stießen. Gottlob war der Herr nicht zu Hause, und wir bestaunten mit Respekt die Gerippe von großen Fischen, die um das Nest verstreut lagen, das aus Zweigen und dürrem Gras gebaut war.

An der nächsten Kuppe bedeutete uns George anzuhalten und zeigte auf die Ebene vor uns. Und da sahen wir ihn, etwa zweihundert Meter entfernt, ein Prachtexemplar von der Größe eines kleinen Stiers, wie es schien, das seelenruhig im Boden grub und mich umgehend nach einem größeren Baum Ausschau halten ließ. Aber es waren nur Krüppelbirken zu sehen, und das Wissen, dass ein Grizzly die hundert Meter in sechs Sekunden schafft, ließ uns die Luft anhalten und respektvoll den Rückzug antreten. Aber der Bär hatte ganz offensichtlich kein Interesse an uns, er hatte das Graben eingestellt und wanderte mit abgewandtem Gesicht sehr friedlich über die Ebene weiter.

Am nächsten Abend, als wir wieder einmal patschnass und halb erfroren waren, landeten wir an einem verheißungsvollen flachen Landstück an. Es erschien uns als Lagerplatz geradezu ideal, wir entluden das Boot, und ich begann in Windeseile, das lange dürre Gras, das die kräftige Maisonne auf dem gefrorenen Boden getrocknet hatte, und die vielen Zweige und das Unterholz im weiteren Umkreis auszureißen und auf einem großen Haufen zu sammeln, als Schutz gegen einen möglichen Waldbrand und als Brennstoff für die ganze Nacht. Der Haufen war bald schulterhoch, und beim Aufschichten war mir etwas wärmer geworden. Ich war gerade dabei, meine nasse Jacke auszuziehen, als ich sah, wie Robert sein entflammtes Feuerzeug an den Haufen hielt. Ich konnte gerade noch sagen: „Aber Robert, ich habe gedacht, das ist für die ganze Nacht." Und er nur: „Ach so!" Da war es, als explodierte die Umgebung in zwanzig Metern Entfernung. Der Wind hatte einige Funken des großen Feuers auf die nahe Böschung getragen, auf der das dürre Gras kniehoch stand, und sie brannte augenblicklich in einer Breite von zehn Metern.

George reagierte als Erster. Er leerte einen unserer großen Trekkingsäcke, nässte ihn im Fluss, stürmte auf die Böschung und fing an, wie ein Irrsinniger mit dem leeren Sack auf die Flammen einzuschlagen. Robert und ich leerten zwei von unseren Kühlboxen, sprangen damit ins hüfthohe, eiskalte Wasser und mühten uns mit den schweren Boxen wieder an Land und zu George hin, der uns immer nur mit den Fingern ein Zeichen gab, an welcher Stelle wir die Boxen entleeren sollten. So kämpften wir viele Minuten lang und glaubten uns schon langsam am Ziel, als mit einem Fauchen etwa fünfzehn Meter entfernt von unserem Brandherd ein anderer Teil der Böschung brannte.

Wieder sprangen wir mit den großen Boxen ins Wasser, mühten uns aufs Trockene und entleerten die Behälter da, wo es George uns gemahnte, während vor meinem inneren Auge sich schon eine riesige Feuerwalze über halb Alaska wälzte, mit einer Geschwindigkeit von hundert Stundenkilometern oder mehr, wie man aus Erzählungen anderer wusste, und in ihrem

Sog Wälder und Tiere und Blockhäuser und Menschen vernichtete. Wir drei kämpften wirklich mit dem Mut der Verzweiflung um unser Leben und dasjenige des Landes um uns. Es war nur mehr eine Frage der Zeit, bis wir mit unseren schweren Boxen nicht mehr aus dem Wasser kämen, aber mit einem Mal war das Feuer aus.

Obwohl unsere Ausrüstung und das Boot nur einen oder zwei Meter vom Rand des Wassers entfernt gelegen hatten, knieten wir drei mit verbrannten Augenbrauen und Stirnen, inmitten unserer angesengten oder verbrannten Habseligkeiten und erbrachen uns minutenlang aus der Erschöpfung heraus. Dann sagte Robert, unser Witzbold, in einer Pause des Erbrechens, irgendetwas sehr Treffendes, Lustiges, das anfing mit den Worten: „Wir drei Trottel …" Ich kann mich an den ganzen Satz nicht mehr erinnern, aber daran, dass wir alle drei lachten, in einer derartigen Weise lachten, als wären wir aus unserem eigenen Grab und dem aller umgebenden Wesen unverhofft zurückgekehrt ins Leben, in unser groteskes Leben, und wir lachten weiter und erbrachen uns, und lachten. An diesem Abend gab es von George keine Bärengeschichten mehr. Wir schliefen für wenige Stunden.

Am frühen Morgen des nächsten Tages flickten wir notdürftig unser Schlauchboot, weil gottlob die beiden mitgebrachten Tuben *Super Glue* unversehrt geblieben waren. Müde ließen wir das Boot ins Wasser („paddle like hell" sollten wir an diesem Tag kein einziges Mal mehr hören) und erreichten am selben Nachmittag einen Lagerplatz am Rand einer beinahe baumlosen Hochfläche, die mit nur wenigen Krüppelbirken durchsetzt war.

An diesem Nachmittag sahen wir den Bären wieder. Es war unverkennbar der gleiche, dem wir zwei Tage vor dem Brand begegnet waren, er war wahrscheinlich an die achthundert Kilogramm schwer. Ein seltenes, gigantisches Exemplar seiner Rasse, mit einem großen Höcker auf dem Nacken. Er musste die ganze Nacht hindurch in unsere Richtung gewandert sein, immer nur wenige hundert Meter von unserem Fluss entfernt. Warum? Aus Zufall, aus Sehnsucht? Aus Einsamkeit? Weil er sich von uns angezogen fühlte? Weil er nicht anders konnte, als uns Idioten zu beaufsichtigen?

Wieder stand der Wind günstig. Und wieder ging er mit weltabgewandtem Gesicht über die weite, wellige Landschaft. Es war nun Ende Mai und der verhaltene Beginn des kurzen, aber ausgeprägten alaskanischen Sommers. Nur einmal blieb der Bär für einen kurzen Moment stehen und sah in unsere Richtung, und fast erschien mir in meiner Übermüdung, als wollte er uns noch etwas mitteilen. Dann hob er die Nase in die Luft und schnüffelte. Schließlich senkte er seinen Kopf und fiel in einen wogenden Trab, der seinen massigen Körper mit dem langen grauen Fell und dem Nackenhöcker wie ein Weizenfeld im Wind sich hin- und herbewegen ließ. Dann war er hinter einem kleinen Hügel verschwunden.

ZEITEN DES ÜBERMUTS ODER MY HOUSE IS MY CASTLE

Der Kranebitter „Kommunistenkobel".

Zeiten des Übermuts oder My house *is* my castle

Als traditionell geprägter Mensch mit Sehnsucht nach Neuem verfiel ich, mitten im manischen Überschwang meiner besten Jahre, auf die Idee, einmal etwas völlig Kompromissloses, von der Tradition Abweichendes zu wagen.

Nach meiner Zeit als Extrembergsteiger hatte ich begonnen, einige Altbauten zu sanieren, Häuser, die teilweise achthundert Jahre auf dem Buckel hatten, und hatte hier – in kleinem Stil – recht erfolgreich reüssieren können. Dabei waren wir, also die beiden Architekten Manfred und Gerhard und ich, fast zu einer Art Schicksalsgemeinschaft geworden: Sie führten mich (grundsätzlich neugierigen) Menschen in die Welt der Architektur ein (wir besuchten unter anderem auch die Biennale in Venedig), und ich ließ sie im Gegenzug an meinen manches Mal aberwitzigen Altbau-Abenteuern teilhaben. Solche Erlebnisse schweißen zusammen – oder aber bewirken, dass man danach kein Wort mehr miteinander spricht.

Nun wurde mir von einer befreundeten ehemaligen Nachbarin ein unverbautes Grundstück angeboten, das geradezu danach rief, mit einem solitären Bauwerk versehen zu werden. Die Lage des Grundstücks war in Kranebitten, ganz oben, am Eingang zum Karwendel, und markierte auf den Meter genau den Grüß-Gott-Meridian. Ganz genau hier nämlich fangen die Leute zu grüßen an, wenn sie zu ihren Weitwanderabenteuern aufbrechen.

Die Planungsphase verlief stürmisch und dauerte lange, denn weder wusste ich genau, was ich wollte, noch wussten die Architekten genau, was ich wollte, geschweige denn wussten sie, was sie selber wollten. Irgendwie schwebte mir etwas wie ein tibetisches Kloster vor Augen, wenn auch natürlich modifiziert, und ich legte ihnen auch entsprechende Bilder von meinen Reisen vor: klare, monistische, solitäre Kuben in einer ebenso klaren Landschaft. Das Gebäude sollte nicht mehr als etwa neunzig Quadratmeter haben und möglichst wenig kosten, denn ich liebe meine Freiheit und lasse mich von niemandem gern unter Aufsicht stellen. Ihre Absichten deckten sich formal weitgehend mit den meinen, die Wege ihrer Inspiration gingen jedoch nicht so weit nach Osten, sondern kreisten um Orte wie Weimar oder Dessau. Denn hier war der sogenannte Bauhaus-Stil in den Zwanzigerjahren entstanden, gekennzeichnet durch funktionale Schuhschachteln in der Landschaft, die inzwischen den Siegeszug um die Welt angetreten haben. Und weil mein Baugrund damals völlig von einem hohen Wald umschlossen war und man an einem wolkenlosen Sommertag vom Himmel nur einen blauen Fleck zwischen den Fichtenwipfeln ausmachen konnte, argumentierten sie richtig, dass man hier mit dem Bauwerk in die Höhe fahren müsste. Also würde das Haus drei Geschoße haben. Bis wir zu diesem Punkt kamen, war ein Jahr vergangen.

Irgendwann einmal, nach dem zehnten Entwurf, war es also so weit. Ich hatte inzwischen, wahrscheinlich aus Frustration, ähnlich wie man es von wahnsinnig gewordenen Lottogewinnern weiß, meinen Baugrund mit einem ausgeliehenen Schaufelbagger schon ebenso oft (an die zehn Mal) neu umgegraben. Eine besondere Charaktereigenschaft, die ich damals hatte, mag meine Beharrlichkeit unterstützt haben, nämlich die, niemals einen Kontoauszug anzusehen. Auch besaß ich keinen Fernseher, erst im Alter von neunundvierzig Jahren habe ich meinen ersten erworben. So etwas macht stark und optimistisch, und nichts, aber auch gar nichts kann den Blick in die Zukunft trüben. Ich war also schon ganz ordentlich mit dem Konto im Minus, als die ersten Baumaschinen aufkreuzten, doch war ich es gewohnt, ein Segelflieger zwischen Soll und Haben zu sein (um die Worte von Andreas Braun zu gebrauchen). Und nun konnte es endlich losgehen.

Der Baggerfahrer baggerte, der Polier brüllte, die Arbeiter wieselten mit diversen Werkzeugen herum, die Grube wurde tiefer und tiefer. Gerhard, der Architekt, und ich standen stumm vor diesem immer ungeheuerlicher werdenden Loch mitten im unsicheren Geschiebe des Karwendelschotters, bis er auf einmal und ohne Vorwarnung schnellen Schrittes zu seinem Wagen eilte, mir zurief, für ein solches Loch könne er die Verantwortung niemals übernehmen, und davonbrauste.

Man hatte nämlich kurze Zeit vorher behördlicherseits die Vorschrift des Baukoordinators verabschiedet, zur Sicherheit der Arbeiter, aber so recht war das noch nicht bis zu uns an den Waldrand vorgedrungen. Also umkreiste stattdessen ich selbst in den folgenden Tagen, einem herrenlosen Satelliten gleich, von frühmorgens bis abends die Baugrube, um aufzupassen, dass keine Wand einstürzte und kein Arbeiter verschüttet würde. Es sollte eine weitere undankbare Aufgabe für meine ohnehin schon dauergeforderten Schutzengel werden.

Jeder weiß, dass die am schnellsten abgewickelte Etappe der Bauzeit der Rohbau ist. Deshalb stellt der Rohbau für sich allein eigentlich gar nichts dar, außer der irrigen Vorstellung, man sei nun schon sehr weit gekommen. Denn wenn es Ärger geben sollte (und den gibt es sicher), dann fängt er jetzt erst an. Die Krönung dieses Selbstbetruges stellt dann die Firstfeier dar. Diese Firstfeier wurde auf der Terrasse meiner Nachbarin Gerda abgehalten, deren Haus etwa hundert Meter von dem meinigen entfernt stand, getrennt nur durch eine schöne Rasenfläche am Waldrand. Alle waren sie da: die Arbeiter, die Architekten und die Künstler, und alle freuten sich und harrten der kommenden Aufgaben.

Jörg Dialer, ein alteingesessener Innsbrucker Künstler und Restaurator mit Dürer'schen Gesichtszügen und einem Hang zu dramatischen Farbgebungen zog, so etwa nach dem zweiten Whisky, meine Nachbarin in Bezug auf den Putz und die Farbe des Hauses zu Rate: „Gnädige Frau", sagte er und lehnte sich dabei etwas gegen einen imaginären aufkommenden Wind, „wie machen wir denn das Haus? *Black* oder *noir*?"

Gerda, ebenso windfest und standhaft, zog an ihrer „Milden Sorte" und warf einen prüfenden Blick zum Kobel.

„Na, *black*, würde ich sagen", und stieß den Rauch der Zigarette durch die Nase aus.

Begeistert nickten die Architekten. Immerzu schwarz gekleidet, erinnerten sie mich nur allzu sehr an Missionare im fernen China, die den armen Irrgläubigen die Frohbotschaft bringen und dabei keinen Spaß kennen. Die Farbe Schwarz musste ihnen absolut entsprechen, und meine Meinung dazu war eher nebensächlich.

Als Nächstes ging man schon zur Innenausstattung über. Eine jede Wohnung (denn es würden drei werden) sollte einen offenen Kamin erhalten. Dazu war auch Gebhard Schatz geladen worden. Gebi, wie wir ihn nannten, hatte sich als Berufsbezeichnung „Feuerkünstler" zugelegt und über die Jahre für mich schon einige offene Kamine gebaut. Nun warf er mit einer charakteristischen Bewegung des Kopfes seine Haarmähne zurück: „Feuerboxen, würde ich sagen, Feuerboxen."

Jetzt stand noch die Debatte über die Gestaltung der großen Glasflächen an den Fassaden an. Meine ursprüngliche Idee war gewesen, sie mit Zitaten von Zweig, Rilke und Hölderlin zu bedrucken. Das hätte dann so geklungen:

Dunkel wird's und einsam
Unter dem Himmel, wie immer, bin ich.

Als ich diesen Plan meiner geschätzten Nachbarin bei einem (inzwischen dritten) Whisky vortrug, verzog sie schmerzlich das Gesicht und zündete sich gleich eine neue „Milde Sorte" an. Ganz offensichtlich schien ihr mein Vorhaben zu dramatisch. Das war das Zeichen für die Architekten, zu Hilfe zu eilen. Sie würden ihrerseits Hilfe bei Objektkünstlern suchen (und fanden sie umgehend bei Lies Bielowski und Ype Limburg).

Lies ist mit ihren sensiblen Filz- und Laubinstallationen berühmt geworden und Ype durch seine Fähigkeit, sehr gut zu fotografieren und dann richtig proportioniert und handwerklich perfekt seine Fotografien auf Glas mit Siebdruck zu unverwechselbaren Objekten zu verarbeiten. Also würde Lies das Laub der umgebenden Buchen sammeln, es perforieren und daraus großzügige Collagen pressen, und Ype würde sie fotografieren und mithilfe von Siebdruck und noch vor dem Vakuumieren der Dreifachverglasung auf die innerste Scheibe anbringen.

Nach dem (inzwischen vierten) Whisky überkam mich eine düstere Ahnung, was das alles kosten würde. Doch nach dem (inzwischen fünften Whisky) tröstete ich mich sogleich: Andere halten sich Windhunde, Jagdfalken, Rennpferde oder eine teure Frau (ohne sich jedoch das eine oder das andere wirklich leisten zu können).

Im zentralsten Ort des Hauses, da, wo andere, „normale" Bauherren ihre Dielen oder ihre Wohnzimmer liegen haben, verliefen die Versorgungsstränge der Nassräume. Damit war klar, dass an diesen Punkten auch die Bäder und Toiletten stehen würden, und das wurde mir jetzt erst in seiner Tragweite bewusst. Freilich hatte man dadurch die Fassaden nach allen Seiten zur unabhängigen Gestaltung freigespielt. Doch überkam mich bei dieser Gelegenheit die Ahnung, dass wir von außen nach innen, und nicht umgekehrt, wie es aus humanistischer Sicht richtig wäre, von innen nach außen geplant hatten. Meine letzten, etwas schüchtern vorgebrachten Bedenken in Bezug auf die nach der taoistischen Feng-Shui-Lehre katastrophale Energie (wenn etwa die ganze zentrale Energie des Hauses durch ein Hunderter-Fallrohr in den Kanal gespült würde) versuchte Gerhard zur Seite zu wischen: „Ehrlich gesagt", schilderte er mir eines Tages treuherzig, „haben wir uns bei deinem Entwurf etwas an ein Haus von Mies van der Rohe angelehnt."

„Ah so", sagte ich.

Ich war immer der Meinung gewesen, dass die jungen Architekten im alpinen Raum dort weitermachen hätten sollen, wo Baumann und Welzenbacher aufgehört hatten. Das hatten sie aber nicht. Die Tragweite wurde mir erst jetzt langsam bewusst.

„Ja", sagte Gerhard, „in den Fünfzigerjahren hat der Mies van der Rohe für eine reiche Amerikanerin ein Haus gebaut, das einen ähnlichen Grundriss wie das deine hatte."

Ich musste an den Architekturkritiker Tom Wolfe denken, der einmal geschrieben hatte, Mies van der Rohe hieße nicht nur so, er sei auch so.

„Ach, wirklich?", sagte ich wenig begeistert.

„Ja, ja, ja", sagte Gerhard, „und sie hat ihn dann auf Unbewohnbarkeit geklagt." Ich starrte ihn entgeistert an. „Aber", fuhr er einigermaßen befriedigt fort, „sie hat den Prozess natürlich verloren."

Einen Tag später schenkte ich den Architekten das wunderbar groteske, berühmte Buch von Tom Wolfe mit dem Titel *Mit dem Bauhaus leben*, über das ich so viel lachen hatte müssen, weil er darin unter anderem auch Mies van der Rohe so durch den Kakao zieht. Doch ich erhielt das Buch einige Tage später wieder zurück. Die steinernen Mienen meiner Architekten zeigten mir, dass ich hier wirklich und wahrhaftig an religiöse Belange gerührt hatte, und ich kam mir vor wie ein Darwin, der dem Chef der katholischen Glaubenskongregation sein Hauptwerk *Über die Entstehung der Arten* als Weihnachtsgeschenk überbracht hatte. Von diesem Tag an nannte ich mein Haus den „Kommunistenkobel".

Was eigentlich bringt den Tiroler dazu, sich auf Lebenszeit mit dem Hausbau zu verschulden? In Ländern mit ähnlichem Klima, nämlich Schweden, Kanada, Alaska oder Sibirien, baut man auch Häuser, die isoliert sind, aber für einen Bruchteil dessen, was in Tirol an monetärem Aufwand selbstverständlich ist. Aufschlussreich in diesem Zusammenhang sind auch Studien, die besagen, dass der Tiroler die Kosten der Sanierung seines Hauses im Schnitt stark unterschätzt. Wenn zum Beispiel der Tiroler glaubt, dass er mit fünfzigtausend Euro durchkommt, dann braucht er zum Schluss achtzigtausend, während es sich beim Vorarlberger umgekehrt verhält.

Ein jedes Volk hat sein Trauma. Während die Deutschen von den Schrecken des Dreißigjährigen Krieges dauerhaft kollektiv geprägt sind, weswegen in den Fernsehsendungen der Großteil der Werbesendungen aus Versicherungen besteht, die Engländer bei der Erwähnung des Wortes Dünkirchen ein Zucken um die Mundwinkel bekommen und die Amerikaner beim Wort Vietnam, muss beim Tiroler der Heiligabend mit einem Trauma verbunden sein. Denn absolut irrational ist die Angst des Tirolers, am Heiligabend unter einer Brücke schlafen zu müssen. Diese geradezu zellhaft geprägte Angst führt dazu, dass in den Wochen vor Weihnachten die Handwerker alle kopfstehen müssen, denn ein jeder will den Heiligabend im neuen Heim feiern. Man gibt also die bisherige Wohnung zu einem Stichtag auf, sucht einen Nachfolger, der wiederum seine bisherige Wohnung aufgibt, jemanden sucht, der wiederum seinerseits seine Wohnung aufgibt und so weiter und so fort. Dies führt zu einem zirkulierenden Wahnsinn, denn wenn der Erste dieser Kette nicht zeitgerecht aus seiner bisherigen Wohnung auszieht, ist auch der unübersehbare Rest der Kette blockiert.

In meinem Fall begann es mit einem Bandscheibenvorfall des Bodenlegers (behauptete er jedenfalls), dass die zu drei Vierteln gelegten Böden zehn Tage vor Heiligabend nicht mehr fertiggestellt wurden. Er kam einfach nicht mehr und hob auch das Telefon nicht mehr ab. Das führte folgerichtig dazu, dass ich, zusammen mit Maria, meiner Gefährtin, die Böden selber fertigstellte. Und es erreichte seinen Höhepunkt am Vorabend des 24. Dezembers, indem ich bei einer Wahrscheinlichkeit von eins zu tausend einen Volltreffer landete und eine Spaxschraube genau durch die Wasserleitung trieb. Die Fontäne war beeindruckend, und sie sollte ein böses Omen sein, denn wenn auch der Wassereinbruch dieses Mal von mir selbst verschuldet war, so waren es die nächsten vier Wasserrohrbrüche in den folgenden fünf Jahren nicht.

Ein weiteres Problem war die Lieferung der großen Fensterscheiben. Hoch und heilig hatte man sie uns für Mitte November versprochen, aber Mitte Dezember pfiff noch immer munter der Schneewind durchs Haus. Also lieferte der Glaser (für die wenigen Wochen, bis die bestellten Fenster kamen, wie er hoch und heilig versicherte) ein sogenanntes Thermoclear Glas.

Das Thermoclear Glas waren dürftig isolierte Plastikscheiben, an deren Innenseite es bei voll aufgedrehter Heizung dreizehn Grad hatte. Außerdem besaß es anscheinend die Eigenschaft, dass man zwar nicht hinaus sehen konnte, aber umso besser *hinein*, was meine Nachbarin Gerda eines Tages bemerken ließ: „Bei euch im Haus kann man von außen alles sehen." Um dann, nach einer kurzen Pause, mit Nachdruck zu ergänzen: „Aber auch wirklich alles." Fortan verbrachten wir die Abende angekleidet und vermieden auch sonst alles, was ein öffentliches Ärgernis hätte sein können. Das richtige Glas kam übrigens erst zu Ostern (und auch da durch eine Schlampigkeit des Glasers gravierend falsch ausgeführt).

Ein Problem, das sich relativ spät offenbarte, war das Putzen der großen Glasfassaden. Jetzt bin ich zwar selbst Bergsteiger und weiß mit Hüftgurt und Seilen umzugehen, jedoch hätte mich damals die Meinung meiner Architekten zu diesem Problem sehr interessiert. Wie immer, wenn es etwas Wichtiges zu besprechen gab, gingen wir also auf ein Bier (wie alle anderen Tiroler auch) und ich brachte meine Frage vor: „Wie, bitte, putzt man an diesem Haus die Fenster? Mit Hubschrauber, mit Hubsteiger, mit zehn Meter langen Stangen, oder vielleicht mit der Feuerwehr?"

Manfred, der akademischere der beiden, hatte sich gerade eine „MS" angezündet und einen tüchtigen Schluck vom Bier getan. Ganz offensichtlich wollte er Zeit gewinnen, denn meine Frage schien seine Geduld über Gebühr zu strapazieren. Endlich blies er den Rauch in meine Richtung. „Also", sagte er bedächtig, „das hätten wir uns ja nun wirklich nicht gedacht, dass du ein solcher Spießer bist, der auch noch Fenster putzen will."

Hier schwieg ich nun beschämt. Fenster putzen, wie hatte ich auch nur so reaktionär denken können ...?

Um es kurz zu machen: Zehn Jahre und einige verrissene Rückenmuskeln später haben zwei Kletterkollegen, die die Firma mit dem bezeichnenden Namen *Off Ground Solutions* gegründet hatten, mir ausgeholfen und mithilfe von Seilen, Leitern, Rollen und Hüftgurten, einer Ausrüstung also, die durchaus für den Khumbu-Eisfall am Everest geeignet ist, die Glasfassade geputzt. (Alles das hat wirklich nicht mehr gekostet als ein Flugticket in den Himalaya. Immerhin sind sie auch die Gleichen, die den Auftrag haben, die berühmte Bergiselschanze zu putzen.)

Wie es immer ist, sind die Außenanlagen eines Hauses das Allerletzte, was fertiggestellt wird. In meinem Fall war es eine der Holzterrassen, an der ich eines schönen Sommertags zusammen mit einem Freund beim Sägen und Schrauben war. Es war eine schöne, unterhaltsame Arbeit, untermalt nicht nur vom Summen des Akkuschraubers, sondern auch von den Äußerungen der vorbeigehenden Wanderer. Ich bin nie dahintergekommen, warum sie eigentlich schon auf der Asphaltstraße die Stöcke einsetzen, aber auch beim nächsten sich nähernden Fall, dem zigsten des Tages, verhielt es sich so. Klack, klack, klack kam das Geräusch die Straße herauf, plötzlich gestoppt durch ein Doppelklack. „He, du", rief es herüber. Wie schon erwähnt, verläuft genau hier der Grüß-Gott-Meridian. Ich wandte den Kopf.

„Praktisch, ha", und deutete mit dem Kinn zum Haus, dann legte er eine dramaturgische Pause ein, um umso deutlicher nachzulegen: „Aber schiach!"

„Ich seh's eher umgekehrt", meinte ich halblaut und etwas verdrossen, aber er war schon wieder weitergegangen, klack, klack.

Jedermann weiß, dass der soziale Friede in Tirol nur deshalb aufrechterhalten wird, weil der Tiroler am Wochenende auf einen Berg steigt oder auf eine Alm wandert, dort ein paar Viertelen trinkt, das Südtirolerlied singt und wieder zufrieden nach Hause wackelt. Dann funktioniert er an den folgenden fünf Arbeitstagen wieder klaglos. So musste es sich auch bei meinem Gesprächspartner verhalten haben, denn einige Stunden später hörte ich wieder die Stöcke, klack, klack, doch dieses Mal talwärts. Dann Stille. Schließlich: „He, du." Ich schaute hinüber. „War nicht so gemeint. Bisch ma eh nit bös."

Die Äußerungen der Wanderer waren dermaßen unterhaltsam, dass ich eine Zeitlang überlegte, eine Videokamera anbringen zu lassen und den Film im Architekturforum als Endlosband laufen zu lassen.

„Was isch denn deis für a Trottel, der de Bude baut hot?"
„Ja, woasch deis nit?"
„A spinnerter Professor."
„Und warum isch es schwarz?"
„Ja des isch logisch, denk amol noch: dass er die Hitze von außen nach innen leiten kunn." Und so oder so ähnlich ging es in einem fort.

Das war auch zu der Zeit, als einer meiner Freunde, Facharzt und Psychologe, vor seiner Scheidung stand. Ich war gerade im Begriff, für einige Wochen in den Himalaya zu verschwinden, und so vertraute ich ihm die Wohnungsschlüssel an, auf dass auch er sich einen Kurzurlaub von seiner Noch-Ehefrau genehmigen könnte. Mit dem wohligen Bewusstsein, Gutes getan zu haben, verschwand ich also nach Nepal. Als ich nach zehn Wochen wieder nach Hause kam, war von meinem Freund keine Spur zu sehen. Nicht einmal der Kühlschrank wies auf eine Benutzung hin. Jahre später erst hat er mir gestanden, dass er frohgemut die erste Nacht im Haus verbrachte. Als er jedoch aufwachte und auf die graue Sichtbetondecke starrte, hätte ihn eine solche Depression überkommen, dass er das kleinere Übel wählte und wieder zu seiner Frau zurückkehrte (geschieden wurde er trotzdem).

Es nahte der fürchterlich heiße Sommer 2003.

Wenn der Sommer einzieht, werde ich immer traurig. Denn wie soll man bei 35 Grad im Schatten oder mehr glücklich sein, wenn darüber ein gnadenlos blauer Himmel steht, der wochenlang nicht vergehen will? Ein solcher Sommer erwartete uns im Jahr Zwotausenddrei.

Ich traf alle Vorkehrungen, besorgte Eisbeutel und Ventilatoren, sagte Termine ab, erinnerte mich immer wieder an meine eigene nahezu asiatische Gleichmut, zitterte etwas wegen des mangelnden Sonnenschutzes am Haus (der sich auch nicht nachrüsten lässt, dank der Architektur) und vertraute auf die große, mehrstämmige Buche im Südwesten des Hauses, die verlässlich ab dem frühen Nachmittag ihren wohltuenden Schatten auf das Haus wirft.

Er kam also, dieser gnadenlose Sommer, und zeitgleich mit ihm und ebenso gnadenlos fing ein Architekturtourismus an, der Leute aus so weltfernen Gegenden wie Hamburg, Berlin oder Wien, aber auch aus Linz oder von Pertisau zu meinem Haus führte. Denn inzwischen hatte das Haus in vielen Medien seinen Auftritt gehabt. Einmal erschien sogar eine Filmcrew aus Hamburg, mit dem Vorhaben, in meinem schwarzen Haus einen Horrorfilm zu drehen. Aber ich habe danach dann nichts mehr von ihnen gehört. Vielleicht fürchteten sie sich vor mir und meinem Haus und sind dann sicherheitshalber in ein transsylvanisches Schloss ausgewichen.

Eines Nachmittags lag ich völlig geschafft und splitterfasernackt auf meinem Sofa im Wohnzimmer. Auf meinem Bauch befand sich ein großer Eisbeutel, auf dem Eisbeutel unser Kater Bertl und auf ihm wiederum ein kleinerer Eisbeutel. So hofften wir beide, die heißeste Phase des Nachmittags zu überstehen. Da hörte ich lebhaftes Stimmengemurmel ums Haus. Nachdem ich Zäune allgemein verabscheue, kann ein jeder um das Haus gehen und es betrachten, doch dieses Mal waren es gleich fünfzig, wenn nicht sechzig Personen, die sich im Garten tummelten. Ich hatte nichts zu tun, außer zu transpirieren, und hörte deshalb angestrengt hin. Der Professor (denn bald hatte ich herausgefunden, dass es sich um den Besuch einer Architekturklasse aus München handeln musste), dozierte vor seiner schweigenden Studentenschar gerade über die Schönheit des Kubus. Das dauerte, ob der Begeisterung des Professors. Eigentlich wollte ich schon lange in die Dusche, wagte es aber nicht, meinen Kater zu entfernen und mich zu erheben, denn dank der Architektur konnte man auch vom Garten aus bis in den hintersten Winkel des Wohnzimmers im ersten Stock sehen. Da lag ich also und hörte mir den Monolog an, bis sich der Professor zu einer anderen Gruppe vor dem Haus entfernte. Kaum war er außer Hörweite, äffte ihn ein Student nach, indem er unter allgemeinem Gelächter geschickt über die Schönheit *einer Schuhschachtel* referierte. Ich nutzte den anschließenden Tumult, indem ich die Eisbeutel und den Kater abwarf, um im

Bad zu verschwinden und erst wieder aufzutauchen, als es um das Haus ruhig geworden war.

Aber nicht nur Filmcrews und Architekturklassen kamen, sondern auch Schulklassen, wenn das Schuljahr gerade zu Ende ging. Dass ich mit meinem Haus hier den Lückenbüßer im sommerlichen Lehrplan spielte, habe ich wie immer zu spät begriffen und gab dem sehnlichst vorgetragenen Wunsch der Lehrer (ehrlich gesagt, war es doch meistens eine Lehrerin) gutmütig nach und ließ die zehn- bis zwölfjährigen Rangen inklusive Lehrkörper ins Haus. Lob hat mir dieses Verhalten keines eingebracht, denn meistens kamen diese Klassen aus tourismusintensiven Gegenden, in denen man doch eher bodenständig baut und in der Größe der Holzbalkone seine Nachbarn zu übertrumpfen sucht. Den Höhepunkt dieser Exkursionen bildete der Besuch einer Hauptschulklasse aus Pertisau. Ein Stöpsel von vielleicht zwölf Jahren mit einem lustigen, offenen Gesicht und rötlicher Stehfrisur, der nach dem Rundgang von der Lehrerin gefragt wurde, was er denn nun von der modernen Architektur halte, entgegnete frisch: „Bei ins dahoam in da Garage dunkt's mi gmiatlicha." Während die Lehrerin rot anlief, verdrückte ich mich in meine Wohnung und legte mich auf die Couch, um zum ersten Mal an diesem Tag so richtig herzhaft zu lachen.

Das Frühjahr 2005 kam. Einer Einladung zu einem Bier mit den Architekten kam ich gern nach. Dass wir uns inzwischen immer noch nicht die Schädel eingeschlagen hatten, zeugte davon, dass wir in der Hoffnung lebten, aus unserem gemeinsamen *Enfant terrible* könnte noch einmal etwas Gescheites werden. Über dem Bier eröffneten mir meine beiden Schicksalsgenossen mit verschwörerischer Miene, dass sie mich als Bauherr und mein Haus für einen bundesweiten Architekturwettbewerb eingereicht hätten. Nach dem zweiten Bier und der fünften Zigarette gestanden sie mir, dass über undichte Stellen in Wien bereits Wichtiges durchgesickert wäre. „Es ist noch streng geheim", sagten sie nach langem Kokettieren, „aber du hast den Preis für das beste Haus Tirols gewonnen. Dazu fünftausend Euro. Für Architekten und Bauherrn jeweils die Hälfte."

Der Abend der Preisverleihung an einem Tag Ende April in Wien war frühlingshaft. Die weiche Luft, wie wir sie in Tirol kaum kennen, streifte über die Vorplätze der Halle und stimmte auch mein versteinertes Häuslbauerherz milde. Wir hatten vielleicht etwas mehr getrunken, als wir sollten, als mir die Architekten das Anerkennungsschreiben des Kunststaatssekretärs sowie die dazugehörigen Plaketten anvertrauten, weil ich doch von allen der Verlässlichste sei, und gemeinsam die Veranstaltung verließen. Zusammen mit Maria, meiner Gefährtin, kehrte ich noch in einem Beisl ein. Von dort steuerten wir ein Taxi an. Der Fahrer fuhr los. Sein Gesichtsausdruck war finster. Ich glaube, er war an diesem Tag der erste Mensch, der uns mit einem mürrischen Gesichtsausdruck begegnete. Ich konnte dies in meiner Verfassung unter keinen Umständen zulassen, und nach zehn Minuten des Schweigens zwang mich ein inneres Teufelchen, ihn zu fragen, ob er sich nicht überlegen möchte, zum Christentum überzutreten, denn, so meinte ich treuherzig, bei uns sei es doch ganz offensichtlich lustiger. (Ja, liebe Leserin und lieber Leser, ich weiß, das war politisch unkorrekt. Aber Sie müssen verstehen, der laue Frühlingsabend, der Wein, die Auszeichnung, meine heitere Gefährtin ...) Augenblicklich wurde sein Gesichtsausdruck noch um eine Spur grimmiger. Er ähnelte nun einem persischen Mullah, der gerade im Begriff ist, die *Fatwa* über einen Gotteslästerer zu verhängen. Nach weiteren quälenden Minuten stoppte er vor dem Haus von Freunden, bei denen wir wohnten. Auch ein reichliches Trinkgeld konnte keine Milde in sein Gesicht zaubern. Wir verschwanden durch die Tür. Sekunden später wurde mir klar, dass ich die Preise auf dem Autositz vergessen hatte. Ich stürzte hinaus, aber der Finsterling war schon weg.

Die folgenden Wochen schaltete ich alle denkbaren Suchdienste ein, fiel von der Polizei abwärts über die Taxizentralen allen möglichen Leuten auf die Nerven, doch von den Preisen war keine Spur mehr zu finden.

Ich stellte mir endlich vor meinem inneren Auge vor, wie die Auszeichnungen umgehend über die Brüstung einer Donaubrücke gesegelt waren und nun, unbeachtet und unschuldig, dem Schwarzen Meer entgegenschaukelten. Dort würden sie von einer Strömung an einen Strand des Bosporus getrieben werden, wo sie ein pflichtbewusster türkischer Straßenkehrer aufspießte und in der nächsten Müllkippe entsorgte.

Sehr zum Missfallen meiner geliebten Architekten hegte ich nun den Plan, einen weiteren Stock auf das Haus zu setzen. Ich hatte nämlich im Jahr zuvor einen kleinen Streifen Grund von meiner Nachbarin Gerda dazu erwerben können, und diese neu gewonnene, in der Baumassendichte begründete Freiheit wollte ich zum Anlass nehmen, die oberste, von Maria und mir bewohnte Wohnung etwas zu vergrößern, indem ich einfach die Dachterrassenbrüstung erhöhte und darin einen zusätzlichen Raum schuf.

Der Widerstand der Architekten war passiv, jedoch umso hingebungsvoller. Ein Nestroy'scher Beamter hätte es nicht besser vorleben können. Schließlich willigten sie ein, mir bei der Zeichnung des Plans zu helfen, jedoch würde ich keine Unterschrift von ihnen bekommen. Denn ich wäre jetzt dabei, „ihr" Haus zu ruinieren.

Ich reichte also den Plan mit meiner eigenen Unterschrift ein, und der Bau konnte beginnen. Vieles erledigten wir selbst, Maria und ich, und zum Schluss musste nur noch die schwarze Fassade erneuert werden. Wir versuchten, an den bestehenden schwarzen Putz anzubösen und scheiterten kläglich. So wurde es notwendig, alle gescheiterten Versuche mit Schleifmaschinen wieder zu entfernen. Inzwischen war es Herbst geworden, und der milde Wind verteilte den schwarzen Schleifstaub mehr oder weniger gerecht in alle nachbarlichen Gärten. Nie mehr werde ich vergessen, wie meine sehr sympathische Nachbarin Marlies (an der Ostseite des Grundstücks) barfuß in den Garten ging, um nach kurzer Zeit bis zu den Knöcheln schwarz zu sein. Als sie durch den Hauseingang verschwand, sah es aus, als trüge sie kleine, schwarze Gummistiefelchen.

2005 übrigens war ein extrem verregneter Sommer. Es regnete uns nicht nur monatelang durch das Dach herein (sodass wir letztlich drei oder vier Maurertröge ständig um das Bett stehen hatten und uns das nächtelange Tropf, Tropf, Tropf den Schlaf raubte), zu allem Überfluss hatten wir auch noch das gesamte Übersiedelungsgut samt Bildersammlung im Keller stehen, wo es den Boiler (Wasserrohrbruch Numero 3) wieder einmal zerriss und ein Schaden von siebzigtausend Euro entstand.

Nicht nur enthielt sich in der Folge die Versicherung um den größeren Teil der Haftung, auch die konzessionierte Firma zog sich aus der Verantwortung, indem ihr Chef vor dem Richter die Liquidation seines Betriebes erklärte.

Ein Jahr später gab es dann noch zwei Wasserrohrbrüche, die auf schlampig ausgeführte Arbeiten der Firma zurückgeführt werden müssen, aber dann war plötzlich Schluss. Nur am Dach gab es noch eine undichte Stelle, die bis heute niemand gefunden hat. Aber es regnet nur ein- oder zweimal im Jahr herein, und nicht sehr viel, vielleicht einen halben Putzkübel voll. Nachdem, was wir in den Jahren vorher mitgemacht haben, kann man jetzt von einer geradezu dichten Sache sprechen.

Übrigens waren meine Architektenfreunde nach dem Aufrüsten des Hauses wider Erwarten mit dem Ergebnis doch sehr zufrieden, legten erneut und feierlich ihr Confiteor ab und würden mir inzwischen alles, aber auch alles unterschreiben, vielleicht auch einen Vertrag für die Fremdenlegion (womit ich nicht sagen will, dass ich sie in die Wüste schicken möchte).

Vielleicht auch war das Ende der Wasserrohrbrüche darauf zurückzuführen, dass wir von Thailand ein Geisterhäuschen mitgebracht und im Garten aufgestellt hatten, in dem die Seelen der verstorbenen Nachbarn ihren Frieden finden können. Hier sieht man, wie mit bewährten Methoden den Tücken der modernen Technik Einhalt geboten werden kann.

Inzwischen hat eine Bewusstseinsänderung stattgefunden. Auch ältere Menschen und solche von konservativer Natur finden das Haus anziehend oder zumindest *interessant,* und niemand würde es mehr wagen, es für scheußlich zu erklären, wenigstens in der Öffentlichkeit nicht. Ein gutes Beispiel dafür, wie man mit hartnäckiger Propaganda in wenigen Jahren eine öffentliche Meinung bilden kann, ja sogar eine Tyrannei der öffentlichen Meinung, die sich von anderen Tyranneien in Bezug auf die fehlende Meinungsfreiheit kaum unterscheidet. In diesem Falle gereicht mir das zum Vorteil, wenngleich ich heute die bissigen Bemerkungen über meinen „Kommunistenkobel" sehr vermisse. Nachdem aber Franz Josef Strauß und Bruno Kreisky schon lange gestorben sind und unser Walli auch (für alle Nicht-Tiroler: der kantige Tiroler Langzeit-Landeshauptmann Eduard Wallnöfer), ist unsere Gesellschaft zwar endlich politisch korrekt, hat aber an Unterhaltungswert doch deutlich verloren.

So sehr sei die Zeit auf den Hund gekommen, schrieb Dürrenmatt in den Achtzigerjahren, dass er wegen eines kritischen Artikels über die Schweizer nicht einmal mehr angegriffen werde. Sein Großvater sei wegen eines Gedichtes noch vierzehn Tage ins Gefängnis gegangen.

Aber so ist es nun einmal, jetzt finden sie es alle schön, das Haus (nach zehn Jahren medialer Beschießung ist das auch wirklich kein Wunder), und von mancher Seite wird sogar der Ruf nach Denkmalschutz laut.

Inzwischen gibt es im Inneren des Hauses kaum mehr Sichtbeton, alles ist verspachtelt und in freundlichem Weiß getüncht, eines der Bäder sogar von Meister Dialer persönlich in ein dramatisches Lapislazuliblau getaucht, was ihm wahrhaftig einen tropischen Anstrich verleiht. Nur mehr bei bestimmten Wetterlagen regnet es durch das Dach (etwa einmal im Jahr), und die Fassade werde ich richten, wenn ich im Lotto gewonnen habe (ich sollte also zu spielen beginnen).

An manchen schönen Herbsttagen setze ich mich auf einen Baumstumpf nördlich des Hauses und betrachte das Streiflicht, wie es milde Konturen auf die schwarzen Wände zaubert, umgeben vom Rot der Buchen und dem Gelb der Lärchen. Dann kommt auch in mir eine Art Milde, ja sogar Ergriffenheit auf ob der Schönheit dieses Zusammenspiels. Schönheit per se ist natürlich nicht alles, aber sie hat absolut einen Eigenwert. Gleich ob es ein Mensch ist, der ansonsten strohdumm ist, oder ein Auto, das zwanzig Liter säuft, es bleibt trotzdem ein schöner Mensch oder eben ein schönes Auto.

So kommt an solchen Tagen ein großer Friede über mich (auch weil ich, wie ganz früher, aufgehört habe, meine Kontoauszüge anzusehen) und dann sitze ich da, auf meinem Baumstumpf, freue mich über die Schönheit unserer Illusion, die da im Walde steht, und über den Gang der Zeit. Denn bei Immobilien muss man denken wie die katholische Kirche, nämlich in Jahrhunderten. Und selbst wenn der Letzte in zweitausend Jahren noch nicht begriffen haben sollte, dass Flachdächer im Alpenraum nichts zu suchen haben, ist trotzdem ein Neubeginn zu erwarten. Denn gewiss und tröstlich wird eine nächste Eiszeit kommen und uns das ganze Gerstl bis nach Rosenheim schieben.

Dank

Es liegt auf der Hand, dass meine kleinen Geschichten nur entstehen konnten, weil mir viele Menschen auf meinen Reisen wohlwollend zur Seite standen. Sie stehen mir immer noch so nahe, wie es nur sein kann, und zeigen mir, dass wir alle durch unsichtbare Fäden verbunden sind.

Ihnen allen gebührt mein Dank. Ebenso und im Besonderen Annina Wachter, die mich manchmal auf Reisen und sehr oft am Schreibtisch begleitete, sowie Anette Köhler, der bewährten Lektorin und klugen Ratgeberin, und Gerhard Bucher, dem Grafiker des Tyrolia-Verlags, der das ungewöhnliche Cover entworfen hat.

Bildnachweis
Soweit nicht anders angegeben, stammen alle Abbildungen aus dem Archiv des Autors.
Seite 11: Foto: Guillaume Dargaud, Wikimedia Commons
Seiten 23, 62: Archiv Wolfgang Nairz, aus: „Es wird schon gut gehen". Berge und andere Abenteuer meines Lebens. Wolfgang Nairz im Gespräch mit Horst Christoph, Tyrolia-Verlag 2014
Seite 30: aus: Richard Sale, Eberhard Jurgalski, George Rodway und Jochen Hemmleb: Herausforderung 8000er. Die höchsten Berge der Welt im 21. Jahrhundert, Tyrolia-Verlag 2013
Seiten 74 und 98: aus: Walter Spitzenstätter: Ehrensache Leben retten. Die Geschichte der Bergrettung Tirol, Tyrolia-Verlag 2019
Seiten 80, 89: Archiv Kostenzer
Seite 95: aus Werner Haim: Mein Leben als Bergsteiger und im Rollstuhl, Tyrolia-Verlag, 2003

Nachhaltige Produktion ist uns ein Anliegen; wir möchten die Belastung unserer Mitwelt so gering wie möglich halten. Über unsere Druckereien garantieren wir ein hohes Maß an Umweltverträglichkeit: Wir lassen ausschließlich auf FSC®-Papieren aus verantwortungsvollen Quellen drucken, verwenden Farben auf Pflanzenölbasis und Klebestoffe ohne Lösungsmittel. Wir produzieren in Österreich und im nahen europäischen Ausland, auf Produktionen in Fernost verzichten wir ganz.

Mitglied der Verlagsgruppe „engagement"

2021
© Verlagsanstalt Tyrolia, Innsbruck
Umschlaggestaltung: Tyrolia-Verlag Innsbruck, unter der Verwendung eines Bildes von anankkml@istock (Cover) und von Maria Peters (Umschlagklappe).
Layout und digitale Gestaltung: Tyrolia-Verlag Innsbruck
Druck und Bindung: FINIDR, Tschechien
978-3-7022-3975-6 (gedrucktes Buch)
978-3-7022-3976-3 (E-Book)
E-Mail: buchverlag@tyrolia.at
Internet: www.tyrolia-verlag.at